DIE 77 BESTEN HACK-FLEISCHREZEPTE, DIE EINFACH ABWECHS-LUNG BIETEN...

... zeigen Hackfleisch von seiner besten Seite. Wunderbar und neu kombiniert mit Nudeln, Gemüse, Reis und Co. entstehen die verschiedensten Rezepte, die schnell und unkompliziert zubereitet sind: jeden Tag und auch, wenn Gäste kommen.

Guten Appetit!

2

Inhalt

3

INHALT

4

SCHARFE HACKFLEISCH-SPIESSE

Adana kebab

Scharfe gewürzte Speisen ißt man vor allem im heißen Südosten der Türkei, doch das nach der größten Stadt dieser Region genannte Kebab ist im ganzen Land sehr beliebt. Es schmeckt am besten vom Holzkohlengrill.

Zutaten für 4 Personen:
800 g Hackfleisch vom Lamm oder Rind
1 mittelgroße Zwiebel
Salz
Pfeffer, frisch gemahlen
1 Messerspitze Kreuzkümmel
1 Teel. scharfes Paprikapulver
1 Teel. Pul biber (Plättchenpaprika; türkisches Spezialgeschäft)
2 mittelgroße Tomaten
8 lange grüne, scharfe oder milde Peperoni
8 Fleischspieße (im Original knapp 1 cm breit und flach)
3 kleine dünne Fladenbrote
30 g Butter
1 Teel. Olivenöl
2 Bund glatte Petersilie

**FÜR GÄSTE
GELINGT LEICHT**

Pro Portion etwa:
3100 kJ/740 kcal
52 g Eiweiß · 37 g Fett
53 g Kohlenhydrate

Zubereitungszeit: etwa
1 Stunde

1. Das Hackfleisch in eine Schüssel geben. Die Zwiebel schälen und dazureiben. Salz, reichlich Pfeffer, den Kreuzkümmel, das Paprikapulver und den Plättchenpaprika dazugeben und alles gründlich verkneten.

2. Den Grill vorheizen.

3. Die Tomaten waschen und halbieren, die Stielansätze herausschneiden. Die Peperoni nur waschen.

4. Das Fleisch in 8 Portionen teilen und um die Metallspieße 12–15 cm lange dünne Frikadellen formen. Das Fladenbrot in Streifen schneiden. Die Butter zerlassen und die Brotstreifen damit bepinseln.

5. Den Grillrost leicht mit dem Öl bepinseln und die Spieße auf jeder Seite 5–8 Minuten grillen. Die ganzen Peperoni und die Tomatenhälften am Rand des Grills mitgrillen. Die Brotstreifen am äußeren Rand des Grills wärmen, aber nicht toasten.

6. Die Petersilie waschen und trockenschütteln. 4 flache Teller am Rand mit je 1/2 Kräuterbund garnieren. Die warmen Brotstreifen auf die Teller verteilen und das Fleisch wie auch das gegrillte Gemüse darauf anrichten.

Variante: Spieße mit Frikadellen

Das Hackfleisch, wie beim Adana kebab beschrieben, zubereiten, allerdings ohne das scharfe Paprikapulver und den Plättchenpaprika. Statt dessen 1–2 Knoblauchzehen schälen und durch die Presse dazugeben, außerdem feingehackte Petersilie unter das Fleisch kneten. 1 Scheibe Toastbrot einweichen, ausdrücken und die Fleischmasse damit etwas strecken. Aus dem Fleisch etwa 4 cm lange ovale kleine Frikadellen formen. 4 Peperoni in etwa 3 cm lange Stücke schneiden, 2 Tomaten vierteln und alles abwechselnd mit den Frikadellen auf Spieße stecken und grillen. Die Frikadellen auf Blättern von glatter Petersilie anrichten. Dazu passen geviertelte Tomaten, in Scheiben geschnittene Schlangengurken und in Ringe geschnittene Gemüsezwiebeln.

Für Freunde
von türkischem
Kebab eine in-
teressante
Variante:
Scharfe Hack-
fleischspieße.

6

HERZ-
HAFT
GE-
NIESSEN

BEEFSTEAKS MIT SCHAF-KÄSE

Zutaten für 4 Personen:
500 g mageres Rinderhackfleisch
1 Zwiebel
1/2 Bund glatte Petersilie
1 Teel. getrockneter Oregano
1/2 Teel. Pimentpulver
je 1 Prise gemahlener Kreuzkümmel und Cayennepfeffer
Salz
2 Scheiben altbackenes Weißbrot
2 Eier
150 g Schafkäse
4 Eßl. Olivenöl

**SCHNELL
RAFFINIERT**

Pro Portion etwa:
2900 kJ/690 kcal
39 g Eiweiß · 54 g Fett
11 g Kohlenhydrate

Zubereitungszeit: etwa
45 Minuten

1. Das Hackfleisch in eine Schüssel geben. Die Zwiebel fein würfeln, die Petersilie fein hacken und mit den Gewürzen zum Fleisch geben.

2. Das Weißbrot kurz in Wasser einweichen, ausdrücken, mit den Eiern zum Fleisch geben und alles gut miteinander verkneten, bis ein geschmeidiger Teig entstanden ist. Das Fleisch, je nach gewünschter Beefsteakgröße, in vier oder acht Portionen teilen.

3. Einen Suppenteller kurz mit kaltem Wasser ausspülen. Eine Hackfleischportion in die Vertiefung legen und eine Mulde formen. In die Mitte etwas von dem Schafkäse bröckeln und eine Fladenhälfte vorsichtig überklappen, die Ränder fest andrücken. Auf diese Weise alle Beefsteaks formen.

4. Die Beefsteaks entweder mit dem Olivenöl bepinseln und bei mittlerer Hitze auf jeder Seite 4–6 Minuten grillen, oder in dem Olivenöl in der Pfanne genauso lange braten, bis sie sich auf Druck mit dem Bratenwender fest anfühlen.

HACK-LAUCH-NUDELN-GABELEINTOPF

Zutaten für 3 Personen:
2 Stangen Lauch (etwa 500 g)
1 l Fleischbrühe (Instant)
3 Eßl. neutrales Pflanzenöl
250 g gemischtes Hackfleisch
250 g Nudeln (Spiralen)
1 große Dose Tomatenmark (140 g)
1/2 Teel. Salz
1/2 Teel. Paprikapulver, edelsüß

SCHNELL

Pro Portion etwa:
2700 kJ/640 kcal
32 g Eiweiß · 28 g Fett
68 g Kohlenhydrate

Zubereitungszeit: etwa
25 Minuten

1. Von den Lauchstangen die welken Blätter abziehen. Dunkelgrüne Teile und Wurzeln abschneiden. Nur das Helle und Mittelgrüne vom Lauch verwenden. Lauchstangen längs aufschneiden, gründlich waschen und in etwa 2 cm dicke Ringe schneiden. Die Fleischbrühe erhitzen.

2. Öl in einem großen Topf erhitzen und das ganze Hackfleisch auf einmal hineingeben. Unter Rühren bei mittlerer Hitze krümelig anbraten.

3. Auf das Fleisch die ungekochten Nudeln, den Lauch, das Tomatenmark, das Salz und das Paprikapulver geben. Die Brühe darübergeben, alles umrühren und zugedeckt bei starker Hitze zum Kochen bringen. Die Temperatur zurückschalten und den Gabeleintopf bei schwacher Hitze etwa 20 Minuten garen.

Variante:

Anstelle des Lauchs können Sie auch Karotten oder Staudensellerie nehmen. Oder Sie bereiten aus allen drei Gemüsesorten (je 150–200 g) den Nudel- Gabeleintopf. Dafür Karotten und Staudensellerie putzen, waschen und in 2 cm dicke Scheiben schneiden. Wie im Rezept beschrieben, garen.

HACKFLEISCH-PFANNE

Zutaten für 4 Personen:
1 Zwiebel
1 grüne Paprikaschote
2 Knoblauchzehen
1 frische grüne oder rote
Chilischote
3 Eßl. Öl
800 g gemischtes Hackfleisch
Salz
schwarzer Pfeffer, frisch gemahlen
1 Teel. Kreuzkümmel, gemahlen
4 Tomaten
2 Eßl. Rosinen
80 g grüne Oliven ohne Stein

PREISWERT

Pro Portion etwa:
2700 kJ/640 kcal
42 g Eiweiß · 49 g Fett
10 g Kohlenhydrate

Zubereitungszeit: etwa
1 Stunde

1. Die Zwiebel pellen und klein würfeln. Die Paprikaschote waschen, vom Kerngehäuse befreien und klein würfeln. Den Knoblauch pellen. Die Chilischote längs aufschlitzen, entkernen und in dünne Streifen schneiden, anschließend die Hände gründlich waschen.

2. Das Öl erhitzen. Die Zwiebel darin goldbraun braten. Die Paprikaschote hinzufügen und etwa 2 Minuten unter Rühren mitbraten. Den Knoblauch dazupressen. Chilischote und Hackfleisch dazugeben. Alles unter Rühren braten, bis das Hackfleisch krümelig ist. Mit Salz, Pfeffer und Kreuzkümmel würzen.

3. Die Tomaten mit kochendem Wasser überbrühen, häuten, entkernen und klein würfeln, dabei die Stielansätze entfernen. Die Tomaten, die Rosinen und die Oliven in die Pfanne geben. Alles offen bei mittlerer Hitze etwa 15 Minuten köcheln lassen.

30-MINUTEN-GABELEINTOPF

Durch seine aufgelockerte Fleischstruktur kann Hackfleisch leicht verderben. Deshalb sollten Sie es so frisch wie möglich verbrauchen.

Zutaten für 2 Personen:
250 g Möhren
1 Stange Lauch
1 gelbe Paprikaschote
150 g Langkornreis
3/4 l Fleischbrühe (Instant)
2 Eßl. neutrales Pflanzenöl
200 g gemischtes Hackfleisch
Salz
schwarzer Pfeffer, frisch gemahlen
1/2 Teel. Paprikapulver, edelsüß

GELINGT LEICHT

Pro Portion etwa:
2500 kJ/600 kcal
30 g Eiweiß · 23 g Fett
67 g Kohlenhydrate

Zubereitungszeit: etwa
30 Minuten

1. Möhren mit dem Sparschäler schälen, dann waschen und anschließend in Scheiben schneiden. Lauch putzen, längs aufschneiden, waschen und in feine Ringe schneiden, nochmals gut waschen und in einem Sieb abtropfen lassen. Paprika vierteln, Stielansatz, Trennwände und Kerne entfernen. Die Paprika waschen und in Streifen schneiden. Reis waschen und abtropfen lassen. Brühe erhitzen.

2. Öl in einem Topf erhitzen, Hackfleisch hineingeben und bei starker Hitze krümelig anbraten. Den Reis dazugeben und kurz mit anrösten. Dann das zerkleinerte Gemüse hinzufügen und ebenfalls kurz mitdünsten. Alles mit Salz, Pfeffer sowie Paprikapulver würzen und mit der heißen Brühe auffüllen.

3. Den Eintopf kurz aufkochen lassen und anschließend zugedeckt etwa 20 Minuten bei schwacher Hitze garen. Dabei gelegentlich umrühren. Dazu paßt Blattsalat.

8

GEFÜLLTE TEIGTASCHEN

Zutaten für 4 Personen:
Für den Teig:
250 g Mehl
1 Ei
150 g Butter
Salz
Für die Füllung:
1 mittelgroße Zwiebel
300 g Rinderhackfleisch
150 g mehligkochende Kartoffeln
1 Bund Petersilie
Salz
schwarzer Pfeffer, frisch gemahlen
1 Teel. getrockneter Thymian
Für das Backblech: Fett oder
Backpapier
Für die Arbeitsfläche: Mehl
Zum Bestreichen: 1 Ei

BERÜHMTES REZEPT

Pro Portion etwa:
3100 kJ/740 kcal
26 g Eiweiß · 45 g Fett
58 g Kohlenhydrate

Zubereitungszeit: etwa
1 1/2 Stunden

1. Für den Teig das Mehl auf die Arbeitsfläche sieben. In die Mitte eine Mulde drücken und das Ei hineingeben. Die Butter kleinschneiden und auf dem Mehl verteilen. Eine Prise Salz dazugeben. Alles zu einem glatten Teig verkneten. Den Teig zu einer Rolle formen, in vier Portionen teilen und zugedeckt im Kühlschrank ruhen lassen, bis Sie die Füllung vorbereitet haben.

2. Für die Füllung die Zwiebel schälen, fein hacken und mit dem Hackfleisch in eine Schüssel geben. Die Kartoffeln schälen, waschen, längs halbieren und auf dem Gurkenhobel direkt in die Schüssel hobeln. Die Petersilie waschen, fein hacken und dazugeben. Die Füllung mit Salz, Pfeffer und Thymian kräftig würzen und gründlich mischen. Den Backofen auf 200° vorheizen.

3. Auf der leicht bemehlten Arbeitsfläche jede Teigportion zu einem Kreis von etwa 18 cm Durchmesser ausrollen. Jeweils auf eine Kreishälfte ein Viertel der Füllung verteilen, dabei einen fingerbreiten Rand frei lassen.

4. Das Ei trennen. Mit dem Eiweiß die Teigränder bestreichen. Den Teig über der Füllung so zusammenklappen, daß ein Halbkreis entsteht. Mit einer Gabel die Ränder fest zusammendrücken.

5. Ein Backblech fetten oder mit Backpapier auslegen. Die Teigtaschen darauf setzen und mit dem Eigelb bestreichen. Im Ofen (Mitte, Umluft 180°) etwa 15 Minuten backen. Die Hitze auf 160° reduzieren und die Teigtaschen in etwa 35 Minuten fertigbacken.

Variante:

Sie können die Teigtaschen auch so füllen: 1 mittelgroße Zwiebel fein hacken und in 2 Eßlöffeln Butter glasig braten. 250 g Champignons waschen, putzen, kleinhacken, zu der Zwiebel geben, etwa 3 Minuten mitbraten, dann die Pfanne vom Herd nehmen. 300 g Thunfisch aus der Dose mit einer Gabel zerpflücken und mit 2 Eiern und 3 Eßlöffeln Semmelbrösel zu den Pilzen geben. Die Füllung mit Salz, Pfeffer und Worcestersauce kräftig würzen. Die gefüllten Teigtaschen, wie beschrieben, fertigstellen.

Gefüllte Teigta-
schen gibt es –
warm oder kalt
– in vielen
Bäckereien zu
kaufen.
Am besten
schmecken
aber die selbst-
gemachten.

NUDEL-AUFLAUF

Nudelfans schlägt bei diesem Auflauf das Herz höher. In Griechenland gehört er zum festen Repertoire der Alltagsküche und Tavernen. Servieren Sie ihn in Quadrate geschnitten und mit einem frischen bunten Salat!

Zutaten für 6 Personen:
250 g Makkaroni (möglichst aus Hartweizengrieß)
4 Eßl. Olivenöl
1 mittelgroße Zwiebel
600 g Rinderhackfleisch
3 Fleischtomaten (etwa 700 g)
1 Bund glatte Petersilie
Salz
Pfeffer, frisch gemahlen
je 1 Messerspitze Zimt- und Pimentpulver
1/4 l trockener Weißwein
40 g Butter
4 Eßl. Mehl
3/4 l Milch
1 Prise Muskatnuß, frisch gerieben
1 Eßl. Zitronensaft
3 Eier
100 g Kefalotiri-Käse oder Parmesan, frisch gerieben
Fett für die Form

GELINGT LEICHT

Pro Portion etwa:
5100 kJ/1200 kcal
61 g Eiweiß · 72 g Fett
72 g Kohlenhydrate

Zubereitungszeit: etwa
1 Stunde 40 Minuten

1. Die Makkaroni in Salzwasser bißfest kochen. Das Olivenöl erhitzen. Die Zwiebel fein würfeln und darin andünsten. Das Hackfleisch dazugeben. Die Tomaten häuten, von den Stielansätzen befreien, klein würfeln und untermischen. Die Petersilie fein hacken, mit den Gewürzen und dem Weißwein unterrühren und alles etwa 10 Minuten köcheln.

2. Die Butter erhitzen, das Mehl einrühren, anschwitzen und langsam die Milch dazugießen. Etwa 3 Minuten unter Rühren köcheln, mit Salz, Pfeffer, der Muskatnuß und dem Zitronensaft würzen, etwas abkühlen lassen, dann 2 Eier unterrühren. Den Backofen auf 180° vorheizen.

3. Eine feuerfeste Form ausfetten. Die Hälfte der Makkaroni hineinschichten und etwas von dem Käse darüber streuen. Das übrige Ei unter das Hackfleisch rühren und die Mischung auf die Nudeln streichen. Die restlichen Makkaroni darüber legen, mit der Sauce begießen und mit dem restlichen Käse bestreuen.

4. Die Form in den Backofen (Mitte) schieben und das Gericht in etwa 40 Minuten fertigbacken, bis die Oberfläche schön gebräunt ist. Dann aus dem Backofen nehmen, den Auflauf in Quadrate schneiden und servieren. Dazu paßt ein leichter griechischer Weißwein oder ein Bier.

TEHERANER REISSCHÜSSEL

Ein Auflauf ist schnell zubereitet; und während das Essen gart, können Sie in aller Ruhe die Küche aufräumen, den Tisch decken und auch vorher einen Salat essen.

Zutaten für 4 Personen:
Salz
250 g Naturkornreis oder Langkornreis
2 mittelgroße Zwiebeln
3 Eßl. neutrales Pflanzenöl
400 g gemischtes Hackfleisch
1 große Dose Tomatenmark (140 g)
1 Teel. Currypulver
1 Teel. Paprikapulver, edelsüß
2 Bananen
Butterflöckchen
Für die Form: Butter oder Öl

GELINGT LEICHT

Pro Portion etwa:
2800 kJ/670 kcal
27 g Eiweiß · 34 g Fett
68 g Kohlenhydrate

Zubereitungszeit: etwa
35 Minuten mit Naturreis
etwa 20 Minuten mit Langkornreis

1. 2 l Wasser mit Salz aufkochen. Den Reis waschen, ins kochende Wasser geben, umrühren und bei schwächster Hitze den Naturreis etwa 35 Minuten, den Langkornreis etwa 20 Minuten quellen lassen. Reis in ein Sieb geben, mit kaltem Wasser abschrecken. Zwiebeln schälen und sehr fein würfeln.

2. Das Öl in einer Pfanne erhitzen, Zwiebeln und das Hackfleisch darin bei starker Hitze anbraten, bis das Fleisch krümelig wird. Tomatenmark mit 5 Eßlöffeln Wasser verrühren, in die Pfanne geben, alles mit Curry, Paprika und Salz würzen. Einmal aufkochen, nochmals kräftig mit den Gewürzen abschmecken.

3. Den Backofen auf 225° (Umluft 220°) vorheizen. Bananen schälen und in Scheiben schneiden. Eine feuerfeste Form gut fetten. Reis und die Fleischsauce immer abwechselnd einschichten, bis beides aufgebraucht ist.

4. Obenauf die Bananenscheiben und Butterflöckchen legen. Den Auflauf offen im Backofen (Mitte) in etwa 20 Minuten knusprig überbacken. Dazu paßt Blattsalat.

GEFÜLLTES HÄHNCHEN

In den arabischen Golfstaaten, wo es in der Regel an Geld nicht mangelt, liebt man es, zu besonderen Anlässen viele Gäste einzuladen und gefüllte Hühner, gefüllte Lämmer, ja sogar ganze gefüllte Kamele zu servieren!

Zutaten für 4 Personen:
1 Brathähnchen (etwa 1,5 kg)
1/2 Teel. Gelbwurzpulver (Kurkuma)
Salz
75 g Langkornreis
50 g Mandeln
1 kleine Zwiebel
5 Eßl. Olivenöl
150 g Lamm- oder Rinderhackfleisch
30 g Pinienkerne
1 Teel. Paprikapulver, edelsüß
1 Teel. Sumak (getrocknete Essigbaumbeeren, türkisches Lebensmittelgeschäft)
1 Teel. gemahlener Kreuzkümmel
1/2 Teel. gemahlener Koriander
1/4 Teel. gemahlene Nelken
schwarzer Pfeffer, frisch gemahlen

BRAUCHT ETWAS ZEIT

Pro Portion etwa:
3000 kJ/710 kcal
65 g Eiweiß · 43 g Fett
17 g Kohlenhydrate

Zubereitungszeit: etwa
2 1/2 Stunden

1. Das Hähnchen ausnehmen, außen und innen gründlich waschen und trockentupfen. Die Innereien beiseite legen.

2. 150 ml Wasser mit dem Gelbwurzpulver und 1/2 Teelöffel Salz in einen Topf geben, aufkochen lassen. Den Reis dazugeben und zugedeckt bei schwacher Hitze etwa 20 Minuten quellen lassen, bis der Reis weich ist.

3. In der Zwischenzeit die Mandeln mit kochendem Wasser überbrühen, kalt abschrecken und häuten. Die Zwiebel schälen und fein hacken. Die Innereien ebenfalls fein hacken.

4. Den Backofen auf 200° vorheizen. 3 Eßlöffel Olivenöl in einer Pfanne erhitzen und darin das Hackfleisch, die Zwiebel und die Innereien etwa 5 Minuten bei mittlerer Hitze anbraten. Die Pfanne vom Herd nehmen.

5. Den Reis, die Mandeln, die Pinienkerne und die Gewürze in der Pfanne mit dem Hackfleisch gut vermischen und die Masse mit Pfeffer und Salz kräftig abschmecken.

6. Die Hackfleisch-Reis-Mischung in das Hähnchen füllen und die Öffnung mit Rouladennadeln oder Zahnstochern schließen oder mit Küchengarn zunähen.

7. Das Hähnchen in eine feuerfeste Form legen, mit dem restlichen Olivenöl bestreichen und im Backofen (untere Schiene) in etwa 50 Minuten goldbraun braten.

8. Das fertige Hähnchen in der Mitte aufschneiden und servieren. Erst bei Tisch portionsgerecht zerlegen.

12

HACK-
FLEISCHPIE

Zutaten für eine Pieform von
28 cm Ø:

Für den Teig:

250 g kalte Butter oder Margarine

250 g Magerquark

250 g Mehl

1 Teel. Salz

Für die Füllung:

1 Zwiebel

2 Knoblauchzehen

2 Eßl. Öl

800 g gemischtes Hackfleisch

1 grüne oder rote Paprikaschote
(etwa 100 g)

2 Tomaten (etwa 150 g)

Salz

schwarzer Pfeffer, frisch gemahlen

2 Eßl. Paprikapulver, edelsüß

1 Eßl. Worcestersauce

5–6 Spritzer Tabasco

Für die Arbeitsfläche: Mehl

Für die Form: Fett

Zum Bestreichen: 1 Eigelb

GELINGT LEICHT

Bei 8 Personen pro Portion etwa:

2800 kJ/665 kcal

27 g Eiweiß · 50 g Fett

28 g Kohlenhydrate

Zubereitungszeit: etwa
1 1/2 Stunden (davon 45 Minuten
Backzeit)

1. Für den Teig Butter oder Margarine in Flöckchen mit Magerquark, Mehl und Salz verkneten und in den Kühlschrank stellen.

2. Für die Füllung die Zwiebel schälen und fein würfeln, den Knoblauch schälen. Das Öl in einer großen Pfanne erhitzen und die Zwiebel darin goldbraun braten, den Knoblauch dazupressen und kurz mitbraten. Das Hackfleisch hinzufügen und unter gelegentlichem Rühren bei starker Hitze etwa 10 Minuten braten.

3. Inzwischen die Paprika putzen und fein würfeln, die Tomaten überbrühen, häuten, entkernen, von den Stielansätzen befreien und in etwa 2 cm große Stücke schneiden. Zum Fleisch geben und alle Gewürze hinzufügen. Weitere 5–10 Minuten bei mittlerer Hitze garen. Den Backofen auf 175° vorheizen.

4. Zwei Drittel des Teigs auf einer bemehlten Arbeitsfläche zu einem Kreis von etwa 32 cm Durchmesser ausrollen. Die Form ausfetten und den Teig hineinlegen. Das Hackfleisch hineinfüllen und glattstreichen. Den Teigrest ebenfalls rund ausrollen, er soll an den Rändern etwas überstehen.

5. Den Deckel auflegen, die Ränder fest zusammendrükken (das geht mit einem Gabelrücken sehr gut). Einen Kamin ausschneiden. Aus Teigresten eventuell Ornamente ausstechen und auf der Teigoberfläche verteilen. Das Eigelb mit etwas Wasser verquirlen und die Teigoberfläche damit bestreichen.

6. Die Pie im Backofen (Mitte, Umluft 160°) etwa 45 Minuten backen, eventuell mit Alufolie abdecken. Heiß servieren.

Variante:

Die Füllung für eine Pie können Sie vielfältig abwandeln: Garen Sie Auberginen-, Zucchini- und Tomatenwürfel mit Gewürzen und Kräutern kurz vor und füllen Sie sie dann in die Pie.

Oder bereiten Sie als Füllung ein Lammgulasch mit Kartoffeln und grünen Bohnen zu oder ein Schweinegeschnetzeltes mit Sauerkraut.

Die Hackfleisch-
pie sieht
attraktiv aus,
schmeckt phan-
tastisch und
macht dabei
nicht viel
Mühe.

14

HERZ-HAFT GE-NIESSEN

HACKBRATEN MIT KARTOFFELN

Zutaten für 4 Personen:
2 mittelgroße Zwiebeln
4 Eßl. Olivenöl
500 g Lamm- oder Rinder-hackfleisch
3–4 Knoblauchzehen
3 Teel. gemahlener Kreuzkümmel
Salz
schwarzer Pfeffer, frisch gemahlen
3 große mehligkochende Kartoffeln
500 g Tomaten
2 Teel. gemahlener Koriander

GELINGT LEICHT

Pro Portion etwa:
2000 kJ/480 kcal
26 g Eiweiß · 33 g Fett
19 g Kohlenhydrate

Zubereitungszeit: etwa
1 1/2 Stunden

1. Die Zwiebeln schälen und fein hacken. 2 Eßlöffel Öl in einer Pfanne erhitzen und die Zwiebeln darin bei schwacher Hitze glasig dünsten. Das Hackfleisch in eine große Schüssel geben, den Knoblauch schälen und durch die Knoblauch-presse dazudrücken. Die Zwiebeln und 2 Teelöffel Kreuz-kümmel dazugeben und alles gut vermengen. Den Hack-fleischteig mit Salz und Pfeffer kräftig würzen.

2. Eine große feuerfeste Form mit dem restlichen Oli-venöl einfetten. Die Hack-fleischmischung in die Form geben und glattstreichen.

3. Den Backofen auf 180° vor-heizen. Die Kartoffeln gut wa-schen, schälen und in sehr dünne Scheiben schneiden. Die Kartoffelscheiben dachzie-gelartig über dem Hackfleisch anordnen.

4. Die Tomaten mit kochen-dem Wasser überbrühen, häu-ten und von den Stielansätzen befreien. Mit dem restlichen Kreuzkümmel und dem Kori-ander im Mixer oder mit dem Pürierstab pürieren. Das Püree über den Kartoffeln verteilen.

5. Den Braten im Backofen (Mitte) in etwa 45 Minuten ga-ren. Heiß in der Form servie-ren. Dazu paßt Fladenbrot.

AUBERGINEN MIT HACK-FLEISCH

Zutaten für 4 Personen:
3 mittelgroße Auberginen
1 große rote Paprikaschote
1 große Zwiebel
100 ml Olivenöl
500 g Lamm- oder Rinder-hackfleisch
5 Eßl. Tomatenmark
2 Teel. gemahlener Kreuzkümmel
1/2 Teel. Harissa (türkisches Lebensmittelgeschäft)
Salz
3 Knoblauchzehen

GELINGT LEICHT

Pro Portion etwa:
2100 kJ/500 kcal
28 g Eiweiß · 36 g Fett
14 g Kohlenhydrate

Zubereitungszeit: etwa
1 Stunde

1. Die Auberginen waschen, von den Stiel- und Blüten-ansätzen befreien und in etwa 2 cm große Würfel schneiden. Die Paprika waschen, vierteln und dabei von den Kernen und den weißen Trennhäuten be-freien. Die Viertel in kleine Würfel schneiden. Die Zwiebel schälen und fein hacken.

2. Das Olivenöl in einem großen Topf erhitzen und darin das Hackfleisch bei mitt-lerer Hitze anbraten. Die Zwie-bel und die Auberginen- und Paprikawürfel dazugeben und alles etwa 10 Minuten unter ständigem Rühren bei schwa-cher Hitze weiterbraten.

3. Das Tomatenmark, den Kreuzkümmel und die Harissa dazugeben. Unter Rühren 1/4 l Wasser angießen und mit Salz würzen. Das Ganze zugedeckt bei schwacher Hitze in etwa 20 Minuten fertiggaren.

4. Kurz vor Ende der Garzeit den Knoblauch schälen, durch die Knoblauchpresse in den Topf drücken und unter die ge-schmorten Auberginen rüh-ren. Das Gericht kann heiß oder kalt zu Brot, Reis oder Kuskus serviert werden.

SCHARFE HACKFLEISCH-PFANNE

Zutaten für 4 Personen:
5 Stangen Staudensellerie
2 mittelgroße rote Paprikaschoten
2 Knoblauchzehen
3 Eßl. Sonnenblumenöl
500 g Rinderhackfleisch
2 getrocknete Chilischoten
1/8 l Fleischbrühe (Fertigprodukt oder selbstgemacht)
2 Teel. Tomatenmark
Salz
1 Prise gemahlener Kümmel
200 g Joghurt
1 Päckchen tiefgekühlte Petersilie

Pro Portion etwa:
1500 kJ/360 kcal
30 g Eiweiß · 24 g Fett
5 g Kohlenhydrate

Zubereitungszeit: etwa
25 Minuten

1. Den Staudensellerie waschen, eventuell von den Fäden befreien und in schmale Scheiben schneiden. Die Paprikaschoten waschen, halbieren, vom Kerngehäuse und von den weißen Trennwänden befreien und in Würfel schneiden. Die Knoblauchzehen schälen und fein hacken.

2. Das Öl in einer großen Pfanne erhitzen. Das Hackfleisch hineingeben und unter ständigem Rühren bei starker Hitze braten, bis es hellbraun und krümelig ist. Das Gemüse hinzufügen und kurz mitbra-

ten. Die Chilischoten zerkrümeln und mit der Fleischbrühe und dem Tomatenmark dazugeben. Mit Salz und dem Kümmel abschmecken. Zugedeckt bei mittlerer Hitze etwa 5 Minuten schmoren lassen, bis das Gemüse bißfest ist.

3. Inzwischen den Joghurt mit der Petersilie verrühren. Die Sauce zur Hackfleischpfanne servieren. Dazu passen außerdem Reis, Polenta oder auch Kartoffelpüree.

FRIKADELLEN MIT REIS

Zutaten für 4 Personen:
1 mittelgroße Zwiebel
50 g Butter
50 g Patnareis
Salz
750 g Hackfleisch vom Rind
3 Eier
Pfeffer, frisch gemahlen
1 Messerspitze Pimentpulver
1 Bund glatte Petersilie
3 Eßl. Mehl
8 Eßl. Sonnenblumenöl

Pro Portion etwa:
3000 kJ/710 kcal
49 g Eiweiß · 50 g Fett
16 g Kohlenhydrate

Zubereitungszeit: etwa
1 1/2 Stunden

1. Die Zwiebel schälen und würfeln. In einem Topf die Hälfte der Butter zerlassen und die Zwiebel darin glasig dünsten. Den Reis dazugeben und glasig werden lassen. 200 ml Wasser und Salz dazugeben. Den Reis zugedeckt bei mittlerer Hitze in etwa 20 Minuten garen.

2. Den Reis abkühlen lassen. Das Hackfleisch in 2 Teile teilen. Die eine Hälfte in der restlichen Butter braun anbraten, abkühlen lassen und mit der anderen Hälfte mischen. Das Hackfleisch zum Reis geben. 1 Ei, reichlich Pfeffer und das Pimentpulver hinzufügen.

3. Die Petersilie waschen, trockenschütteln und fein hacken. Mit dem Fleisch und dem Reis verkneten, salzen. Das Mehl auf einen Teller sieben. In einem Schüsselchen die restlichen Eier verquirlen.

4. Das Öl in einer Pfanne erhitzen. Aus je 1 gehäuften Eßlöffel Hackfleischmasse mit angefeuchteten Händen eiförmige Frikadellen formen. Diese leicht abflachen und zuerst in dem Mehl, dann in dem Ei wenden und in die Pfanne geben. Die Frikadellen auf beiden Seiten knusprig braten. Mit Salat servieren.

HACK-SCHNITTEN VOM BLECH

Zutaten für etwa 25 Stücke:
200 g Weißbrot vom Vortag (oder
4–5 Brötchen)
3 mittelgroße Zwiebeln
1 Eßl. Öl
4 Knoblauchzehen
1,5 kg mageres Rinderhackfleisch
4 Eier
einige Zweige frischer (oder 3 Teel.
getrockneter Majoran)
Salz
schwarzer Pfeffer, frisch gemahlen
Cayennepfeffer
5 kleine feste Tomaten
250 g Mozzarella
Zum Belegen: 1 Bund Majoran

RUSTIKAL SCHNELL

Pro Stück etwa:
850 kJ/200 kcal
18 g Eiweiß · 12 g Fett
5 g Kohlenhydrate

Zubereitungszeit: etwa
1 Stunde

1. Das Weißbrot in Scheiben schneiden, in eine Schüssel geben und mit warmem Wasser übergießen.

2. Die Zwiebeln schälen und sehr fein würfeln. Das Öl in einer Pfanne erhitzen, die Zwiebeln darin glasig werden lassen. Den Knoblauch schälen und dazupressen. Die Pfanne von der Kochstelle nehmen.

3. Den Backofen auf 200° vorheizen. Das Weißbrot sehr gut ausdrücken, in eine große Schüssel geben. Die Zwiebeln, das Hackfleisch und die Eier dazugeben.

4. Den Majoran waschen und trockenschütteln. Die Blättchen von den Stielen streifen. Etwa 3 Eßlöffel der Blättchen fein hacken zur Hackfleischmasse geben (ersatzweise 3 Teelöffel getrockneten Majoran dazugeben) und alles zu einem geschmeidigen Fleischteig verkneten.

5. Dann die Masse mit Salz, schwarzem Pfeffer und Cayennepfeffer pikant würzen und auf einem Backblech bis an den Rand auseinanderdrücken und glattstreichen.

6. Das Hackfleisch im Backofen (mittlere Schiene) etwa 20 Minuten backen.

7. Inzwischen die Tomaten waschen, abtrocknen, in dünne Scheiben schneiden und dabei die Stielansätze entfernen. Den Mozzarella ebenfalls in dünne Scheiben schneiden, große Scheiben halbieren.

8. Nach 20 Minuten das Hackfleisch aus dem Backofen nehmen. Die Temperatur auf 250° erhöhen. Den Hackfleischkuchen mit einem Bratenwender oder einer Palette nochmals flachdrücken. Mit den Tomatenscheiben so belegen, daß später auf jedem Portionsstück mindestens eine Tomatenscheibe liegt.

9. Jede Tomatenscheibe mit 2–3 Majoranblättchen belegen, mit etwas Salz und Pfeffer würzen und mit je einer Mozzarellascheibe bedecken. Alles im Backofen (Mitte) noch etwa 10 Minuten backen. Den Hackfleischkuchen aus dem Backofen nehmen, abkühlen lassen und zum Servieren in Stücke schneiden.

Die pikanten
Hackschnitten
können Sie di-
rekt auf dem
Blech servieren
oder auf einer
hübschen Platte
anrichten.

FLEISCH-KLÖSSCHEN IN TOMATEN-SAUCE

Zutaten für 2 Personen:
50 g durchwachsener Speck in Scheiben
1 Teel. Öl · 1 Zwiebel
1 kleine Dose Tomaten (Abtropfgewicht 400 g)
Salz
schwarzer Pfeffer, frisch gemahlen
1 Teel. getrockneter Oregano
300 g tiefgekühlte Hackfleischklößchen
2 Portionen Kartoffelpüree

PREISWERT

Pro Portion etwa:
2900 kJ/690 kcal
28 g Eiweiß · 47 g Fett
41 g Kohlenhydrate

Zubereitungszeit: etwa
20 Minuten

1. Den Speck von der Schwarte befreien und in schmale Streifen schneiden. Das Öl in einem Topf erhitzen. Den Speck darin bei mittlerer Hitze ausbraten.

2.. Die Zwiebel schälen, fein hacken, zum Speck geben und bei schwacher Hitze weich dünsten.

3. Die Tomaten samt dem Saft hinzufügen und mit einer Gabel zerdrücken. Mit Salz, Pfeffer und dem Oregano würzen. Die Hackfleischklößchen dazugeben und alles 10–15 Minuten köcheln lassen.

4. In der Zwischenzeit das Kartoffelpüree nach Packungsanleitung zubereiten.

5. Die Fleischklößchen mit der Sauce und dem Kartoffelpüree anrichten.
Dazu paßt Endiviensalat mit Joghurtsauce und Schnittlauch.

HACKSTEAKS IN KAPERN-SENF-SAUCE

Zutaten für 2 Personen:
1 Stück Weißbrot vom Vortag (etwa 50 g)
1 kleine Zwiebel
2 Eßl. Butter
300 g gemischtes Hackfleisch
1 Ei
Salz
schwarzer Pfeffer, frisch gemahlen
1 Teel. Paprikapulver, edelsüß
2 Eßl. Öl
1 kleines Glas Kapern (Abtropfgewicht 20 g)
1 Teel. mittelscharfer Senf
100 g Sahne
2 Portionen Kartoffelpüree

PREISWERT

Pro Portion etwa:
3500 kJ/830 kcal
34 g Eiweiß · 70 g Fett
19 g Kohlenhydrate

Zubereitungszeit: etwa
30 Minuten

1. Das Weißbrot würfeln und in kaltem Wasser einweichen. Die Zwiebel schälen und fein hacken. 1 Eßlöffel Butter in einer kleinen Pfanne erhitzen und die Hälfte der Zwiebelwürfel darin weich dünsten.

2. Das Hackfleisch mit dem gut ausgedrückten Weißbrot in eine Schüssel geben. Die gedünstete Zwiebel, das Ei, Salz, Pfeffer und das Paprikapulver dazugeben. Alles gründlich vermischen. Mit angefeuchteten Händen 6 Hacksteaks formen und diese etwas flachdrücken.

3. Das Öl in einer breiten Pfanne erhitzen und die Hacksteaks darin bei mittlerer Hitze von jeder Seite in etwa 7 Minuten braten.

4. Inzwischen in einem kleinen Topf die restliche Butter erhitzen und die übrigen Zwiebelwürfel darin andünsten. Die Kapern, den Senf und die Sahne unterrühren. Die Sauce etwas einkochen lassen und mit Salz und Pfeffer kräftig abschmecken.

5. Das Kartoffelpüree nach Packungsanleitung mit Milch oder Wasser zubereiten. Die Hacksteaks auf zwei Tellern anrichten, mit der Sauce überziehen und das Kartoffelpüree dazu reichen.
Dazu paßt Tomatensalat.

GEFÜLLTE ÄPFEL MIT HACKFLEISCH

Zutaten für 4 Personen:
4 große Äpfel (zum Beispiel Boskop). 50 g rote Linsen · Salz
1 Zwiebel · 3 Eßl. Olivenöl
200 g Rinderhackfleisch
1 Eßl. Tomatenmark
1 Teel. Zimpulver
schwarzer Pfeffer, frisch gemahlen
150 g Tomatensaft
1 Zitrone
1 Eßl. Zucker
50 ml Apfelessig
1 Eßl. Butter

RAFFINIERT

Pro Portion etwa:
1400 kJ/330 kcal
13 g Eiweiß · 15 g Fett
36 g Kohlenhydrate

Zubereitungszeit: etwa
2 Stunden

1. Die Äpfel waschen und trockenreiben. Jeweils das obere Viertel samt Stiel abschneiden. Mit einem Kugelausstecher das Kerngehäuse und so viel Fruchtfleisch aus den Früchten herauslösen, daß möglichst große Hohlräume entstehen. Das Fruchtfleisch pürieren.

2. Den Backofen auf 180° vorheizen. Die Linsen in Salzwasser bei starker Hitze etwa 5 Minuten garen. Abtropfen lassen.

3. Die Zwiebel schälen und fein hacken. Das Olivenöl in einem Topf erhitzen. Das Hackfleisch und die Zwiebel darin bei mittlerer Hitze anbraten. Das Tomatenmark, die Linsen und den Zimt hinzufügen und

etwa 5 Minuten unter ständigem Rühren weiterbraten. Mit Salz und Pfeffer abschmecken, vom Herd nehmen.

4. Die Hackfleischfüllung in die Äpfel drücken, diese in eine Auflaufform geben und den oberen Teil wieder aufsetzen. Den Tomatensaft und etwa 100 ml Wasser in die Form gießen. Etwa 30 Minuten im Ofen (Mitte; Umluft 200°) backen.

5. Inzwischen die Zitrone auspressen. Den Saft mit dem Zucker, dem Essig, der Butter und dem übriggebliebenen Apfelpüree in einem Topf zum Kochen bringen. Über die Äpfel gießen. Diese noch etwa 1 Stunde backen. Dabei mehrmals mit der Garflüssigkeit übergießen.

HACKBRATEN MIT SPECKMANTEL

Zutaten für 8–10 Personen:
2 Brötchen vom Vortag
1 Gemüsezwiebel
1 Eßl. Öl · 4 Knoblauchzehen
2 Teel. getrockneter Oregano
75 g entsteinte grüne Oliven
800 g gemischtes Hackfleisch
3 Eier · Salz
schwarzer Pfeffer, frisch gemahlen
200 g Bacon (Frühstücksspeck in dünnen Scheiben)
150 g milder Schafkäse

RUSTIKAL

Bei 10 Personen pro Portion etwa:
1800 kJ/430 kcal
25 g Eiweiß · 36 g Fett
3 g Kohlenhydrate

Zubereitungszeit: etwa
1 1/2 Stunden

1. Die Brötchen in Scheiben schneiden, in eine Schüssel geben, mit warmem Wasser übergießen, quellen lassen.

2. Die Zwiebel schälen und fein würfeln. Das Öl in einer Pfanne erhitzen und die Zwiebelwürfel darin bei mittlerer Hitze glasig werden lassen. Den Knoblauch schälen und dazupressen, den Oregano einrühren. Die Mischung etwas abkühlen lassen.

3. Die Oliven klein würfeln, die Brötchen gut ausdrücken. Beides mit der Zwiebel würfeln, dem Hackfleisch und den Eiern gründlich vermengen. Mit Salz und Pfeffer würzen.

4. Den Backofen auf 225° vorheizen. Zwei lange Stücke Klarsichtfolie längs überlappend auf die Arbeitsfläche legen. Die Baconscheiben so darauf legen, daß eine große Speckfläche entsteht.

5. Die Hackfleischmasse auf dem Speck verteilen. Den Schafkäse grob würfeln und als Streifen quer in die Mitte geben. Das Hackfleisch mit Hilfe der Klarsichtfolie aufrollen, dabei an einer Schmalseite beginnen. Die Rolle vorsichtig auf ein Backblech heben, die Folie entfernen. Den Hackbraten im Backofen (Mitte) etwa 1 Stunde garen. Etwas abkühlen lassen, dann vorsichtig auf eine Platte heben und auskühlen lassen.

ARABISCHE PIZZA

Zutaten für 4 Stücke:
500 g Weizenmehl · Salz
30 g Hefe · 1 Teel. Zucker
5 Eßl. Olivenöl
3 mittelgroße Zwiebeln
3 Knoblauchzehen
1 Bund Petersilie
250 g Lamm- oder Rinder-
hackfleisch
3 Eßl. Tomatenmark
2 Teel. gemahlener Kreuzkümmel
1 Teel. gemahlener Koriander
1 Teel. Paprikapulver, edelsüß
schwarzer Pfeffer, frisch gemahlen
Fett für das Blech

GELINGT LEICHT

Pro Stück etwa:
3100 kJ/740 kcal
22 g Eiweiß · 25 g Fett
100 g Kohlenhydrate

Zubereitungszeit: etwa
1 3/4 Stunden (davon etwa
1 1/4 Stunden Ruhezeit)

1. Das Mehl mit 1 Teelöffel Salz in eine Schüssel geben. In die Mitte eine Vertiefung drücken, die Hefe hineinbrökkeln, mit dem Zucker bestreuen und mit 100 ml lauwarmem Wasser und etwas Mehl zu einem Vorteig verrühren. Zugedeckt etwa 10 Minuten ruhen lassen.

2. 2 Eßlöffel Öl dazugeben und alles mit den Händen oder den Knethaken des Handrührgeräts verkneten, dabei nach und nach 200 ml lauwarmes Wasser dazugeben.

3. Den Teig so lange kneten, bis er sich vom Schüsselrand löst. Der Teig soll weich sein,
darf aber nicht kleben. Teig zur Kugel formen, zugedeckt an einem warmen Ort etwa 1 Stunde gehen lassen, bis er sein Volumen verdoppelt hat.

4. Die Zwiebeln schälen und fein hacken. Den Knoblauch schälen und durch die Presse drücken. Die Petersilie waschen, trockenschütteln, ohne die groben Stiele fein hacken.

5. Das restliche Öl in einer Pfanne erhitzen und darin das Hackfleisch, die Zwiebeln und den Knoblauch bei mittlerer Hitze unter Rühren etwa 5 Minuten anbraten. Das Tomatenmark und die Gewürze dazugeben. 150 ml Wasser angießen und alles gut verrühren. Die Masse mit Pfeffer und Salz würzen und die Pfanne vom Herd nehmen.

6. Den Ofen auf 200° vorheizen. Den Teig auf einer bemehlten Arbeitsfläche kurz durchkneten und in vier gleich große Stücke teilen. Die Stücke zu dünnen Fladen von 20–25 cm Durchmesser ausrollen. Mit den Fingern einen Rand formen, damit beim Backen der Belag nicht herunterlaufen kann.

7. Ein Backblech einfetten. Die Fladen darauf setzen, mit der Hackfleischmasse bestreichen und im Backofen (Mitte) 10–15 Minuten backen. Die Fladen sollten noch so weich sein, daß sie sich zusammenrollen lassen, damit man sie aus der Hand essen kann.

KONFETTI-QUICHE

Zutaten für 1 Springform von 26 cm Ø:
250 g Weizenmehl Type 1050
150 g Butter (oder ungehärtete Margarine)
2 Eier
Salz
1 Zwiebel
1 Eßl. Öl
150 g Hackfleisch
Pfeffer, frisch gemahlen
Paprikapulver, edelsüß
100 g Möhren
150 g rote Paprikaschote
120 g Zucchini
100 ml Milch
150 g junger Gouda
Für die Form: Fett und Semmelbrösel

BRAUCHT ETWAS ZEIT

Bei 12 Stücken pro Stück etwa:
1200 kJ/290 kcal
10 g Eiweiß · 19 g Fett
16 g Kohlenhydrate

Zubereitungszeit: etwa
1 3/4 Stunden (davon etwa
45 Minuten Backzeit)

1. Aus dem Mehl, dem Fett, 1 Ei und 1 Prise Salz rasch einen glatten Teig kneten. Zu einer Kugel formen und eingepackt etwa 30 Minuten kühl stellen.

2. Inzwischen die Zwiebel schälen und fein würfeln. Das Öl in einer Pfanne erhitzen und die Zwiebel darin glasig dünsten. Das Hackfleisch dazugeben, mit Salz, Pfeffer und Paprika würzen. Den Backofen auf 200° vorheizen. Die Form einfetten und mit Semmelbröseln ausstreuen.

3. Das Gemüse putzen und waschen. Die Möhren etwa 2 Minuten in kochendem Wasser blanchieren und mit der Paprika und dem Zucchino in sehr kleine Würfel schneiden. Die Milch mit dem restlichen Ei gut verquirlen und mit Salz und Pfeffer würzen. Den Käse fein würfeln.

4. Den Teig in die Form drükken, dabei einen etwa 3 cm hohen Rand formen.

5. Das Hackfleisch mit der Hälfte der Gemüse- und Käsewürfel vermischen und in der Form verteilen. Die restlichen Würfel darauf streuen. Die Milch darüber gießen. Im Backofen (Mitte; Gas Stufe 3) etwa 35 Minuten backen.

KALBSKLÖSSCHEN AUF GRÜNEM REIS

Zutaten für 2 Personen:
250 g Kalbshack
2 Eßl. Butter
20 g fetter Räucherspeck
2 kleine Zwiebeln
1 Knoblauchzehe · 1 Ei
1 Teel. abgeriebene Zitronenschale
Salz
weißer Pfeffer, frisch gemahlen
1/2 Tasse Fleischbrühe
1 Lorbeerblatt · 2 Nelken
3 Pimentkörner
1 Tasse Langkorn-Reis
50 g Parmesan (oder alter Gouda)
1 Bund gemischte Kräuter
1/2 Döschen Safran · 50 g Sahne

GELINGT LEICHT

Pro Portion etwa:
1500 kJ/360 kcal
25 g Eiweiß · 15 g Fett
30 g Kohlenhydrate

Zubereitungszeit: etwa
45 Minuten

1. Das Kalbshack in eine Schüssel geben. 1 Eßlöffel Butter erhitzen. Speck, 1 Zwiebel und Knoblauch sehr fein hakken, leicht anbraten, unter das Kalbshack mischen. Das Ei trennen, das Eiweiß unter das Hack rühren, mit der Zitronenschale, Salz und Pfeffer würzen. Aus der Masse walnußgroße Klößchen formen.

2. Die restliche Butter erhitzen, die Klößchen rundum anbraten, nicht bräunen. Die Brühe dazugießen. Die restliche Zwiebel vierteln und mit dem Lorbeerblatt, den Nelken und den Pimentkörnern dazugeben. Zugedeckt etwa 10 Minuten dünsten.

3. Den Reis in 2 Tassen Salzwasser etwa 20 Minuten kochen. Den Käse würfeln, von den Kräutern die Blättchen abzupfen. Käse und Kräuter im Mixer glattpürieren.

4. Die Brühe absieben, den Safran darin auflösen. Die Sahne dazugießen, etwas einkochen. Das Eigelb einrühren, nicht mehr kochen. Mit Salz und Pfeffer abschmecken.

5. Den Reis abtropfen lassen und mit der Kräuter-Käse-Mischung mischen. Mit den Klößchen auf einer Platte mit der Safransauce übergießen.

Variante:
Sie können die Kalbsklößchen verfeinern, indem Sie statt des fetten Räucherspecks 1 TL feingehackte frische Oreganoblättchen unter die Hackfleischmasse geben und die Brühe anstelle von Lorbeer mit Koriandergrün oder glatter Petersilie würzen.

HACKFLEISCH-PLÄTZCHEN MIT MAIS

Zutaten für 4 Personen:
1 Dose Maiskörner (340 g)
2 Knoblauchzehen
100 g gemischtes Hackfleisch
1 Teel. Salz
1/2 Teel. Pfeffer
1 Eigelb
1 Teel. Zucker
2 Eßl. Mehl
etwas Paniermehl zum Wenden
1 l geschmacksneutrales
Pflanzenöl

GELINGT LEICHT

Pro Portion etwa:
2300 kJ/550 kcal
9 g Eiweiß · 45 g Fett
24 g Kohlenhydrate

Zubereitungszeit: etwa
40 Minuten

1. Den Mais sehr gut abtropfen lassen und zusätzlich mit Küchenpapier abtupfen. Den Knoblauch schälen und durch die Knoblauchpresse drücken.

2. Das Hackfleisch mit dem Knoblauch, dem Salz und dem Pfeffer, dem Eigelb, dem Zucker, dem Mehl und den Maiskörnern mischen.

3. Je 1 Eßlöffel der Hackfleischmasse zu einem etwa 4 cm großen Plätzchen formen, in dem Paniermehl wenden, dieses leicht anklopfen.

4. Das Öl in einem Topf erhitzen. Es ist heiß genug, wenn an einem hölzernen Kochlöffelstiel, den Sie ins Fett tauchen, kleine Bläschen aufsteigen. Die Hackfleischplätzchen im Öl etwa 3 Minuten ausbacken, dann auf Küchenpapier abfetten lassen. Mit süß-sauer-scharfer Sauce servieren.

GEBACKENE SCHWEINE-FLEISCH-BÄLLCHEN

Zutaten für 4 Personen:
1 Knoblauchzehe
250 g gemischtes Hackfleisch
1/2 Teel. Pfeffer
2 Eßl. Fischsauce
1 Eßl. dunkle Sojasauce
100 g Mehl · 1 Ei
1/2 Teel. Salz · 1 Eiweiß
1 l geschmacksneutrales
Pflanzenöl

RAFFINIERT PREISWERT

Pro Portion etwa:
2100 kJ/500 kcal
17 g Eiweiß · 39 g Fett
21 g Kohlenhydrate

Zubereitungszeit: etwa
1 Stunde

1. Den Backofen auf 200° vorheizen. Den Knoblauch schälen und fein hacken.

2. Das Hackfleisch mit dem Knoblauch, dem Pfeffer, der Fisch- und der Sojasauce mischen und gut durchkneten.

Zu Kugeln von etwa 3 cm Durchmesser formen und auf ein mit Alu-Folie ausgelegtes und mit Öl bepinseltes Backblech legen.

3. Die Bällchen im heißen Ofen etwa 15 Minuten backen, anschließend abkühlen lassen.

4. Inzwischen das Mehl mit dem Ei, etwas Salz und wenig Wasser zu einem elastischen Nudelteig verarbeiten, der nicht kleben darf. Den Teig auf wenig Mehl sehr dünn ausrollen und in etwa 3 mm breite Streifen schneiden.

5. Ein Ende eines Streifens in Eiweiß tunken und eng um ein Hackfleischbällchen wickeln. Das andere Ende ebenfalls in Eiweiß tunken und andrükken. Alle Hackfleischbällchen auf diese Weise mit Nudelstreifen umwickeln, bis sie ganz davon bedeckt sind.

6. Das Öl in einem Topf erhitzen. Die Hackfleischbällchen darin in etwa 3 Minuten goldgelb ausbacken, dann auf Küchenpapier abfetten lassen. Sofort mit süß-sauer-scharfer Sauce servieren.

Im Bild oben:
Gebackene
Schweine-
fleischbällchen
Im Bild unten:
Hackfleisch-
plätzchen mit
Mais

PIKANTE FLEISCH- KUGELN

Zutaten für 8 Personen:
2 große Zwiebeln
4 Eßl. Olivenöl, kaltgepreßt
600 g gemischtes Hackfleisch
(je 300 g vom Rind und Kalb
oder vom Schwein)
2 Eßl. Paniermehl
3 große Eier
Salz
schwarzer Pfeffer, frisch gemahlen
Mehl für die Arbeitsfläche
Öl zum Fritieren

GELINGT LEICHT

Pro Portion etwa:
1700 kJ/405 kcal
20 g Eiweiß · 31 g Fett
11 g Kohlenhydrate

Zubereitungszeit: etwa
50 Minuten

1. Die Zwiebeln schälen und hacken. 2 Eßlöffel von dem Olivenöl in einer großen Pfanne erhitzen und die Zwiebeln darin weich braten.

2. Die gebratenen Zwiebeln mit dem Hackfleisch, dem Paniermehl und 1 Ei gut mischen. Die Masse mit etwas Salz und Pfeffer abschmecken, zu einer Kugel formen und etwa 30 Minuten zugedeckt ruhen lassen.

3. Von der Hackfleischmasse kleine Portionen abstechen, auf eine bemehlte Arbeitsfläche legen und mit bemehlten Händen Kugeln von etwa 2 1/2 cm Durchmesser formen.

4. Die Fleischkugeln durch ein Sieb mit dem Mehl bestreuen. In einer Schüssel die restlichen Eier verquirlen und die Hackfleischkugeln durch die Eier ziehen. Die Fleischbällchen portionsweise im restlichen heißen Öl in etwa 5 Minuten goldbraun ausbacken.

PILZ- FRIKADELLEN

Zutaten für 4 Personen:
150 g Champignons
1 mittelgroße Zwiebel
1 Eßl. Butterschmalz
Salz
weißer Pfeffer, frisch gemahlen
2 Scheiben Toastbrot
350 g Rinderhackfleisch
1 kleines Ei
1 Päckchen tiefgefrorene
8-Kräuter-Mischung
4 Sesambrötchen
2 Eßl. Salatmayonnaise
(aus dem Glas)
2 Teel. mittelscharfer Senf
8 Salatblätter
1 Stück Salatgurke (etwa 250 g)
Für die Alu-Grillpfanne: Öl
1 Alu-Grillpfanne

PREISWERT

Pro Portion etwa:
2100 kJ/500 kcal
28 g Eiweiß · 30 g Fett
33 g Kohlenhydrate

Zubereitungszeit: etwa
30 Minuten

1. Die Champignons, wenn nötig, waschen, putzen und fein hacken. Die Zwiebel schälen und würfeln. Das Butterschmalz in einer Pfanne erhitzen. Die Champignons und die Zwiebel darin anbraten und so lange schmoren, bis alle Flüssigkeit verdunstet ist. Mit Salz und Pfeffer würzen.

2. Die Toastscheiben etwa 3 Minuten in Wasser einweichen, dann ausdrücken. Das Hackfleisch, das Ei, die Pilzmischung, die Kräuter und den Toast in eine Schüssel geben und zu einem glatten Teig verarbeiten. Den Teig mit Salz und Pfeffer abschmecken.

3. Aus dem Fleischteig 4 Frikadellen formen und in einer leicht geölten Alu-Grillpfanne von beiden Seiten 8–10 Minuten grillen. Die Brötchen aufschneiden und die Hälften jeweils 2–3 Minuten mit der Schnittfläche auf bzw. unter den Grill legen.

4. Die Mayonnaise mit dem Senf, Salz und Pfeffer verrühren. Die Salatblätter waschen und trockenschütteln. Die Gurke waschen und in dünne Scheiben schneiden.

5. Die Brötchenhälften mit der Senfmayonnaise bestreichen und jeweils mit einem Salatblatt und Gurkenscheiben belegen. Auf 4 Brötchenhälften jeweils 1 Frikadelle geben und mit den restlichen Hälften bedecken.

FLEISCH-BÄLLCHEN IN ZITRONEN-SAUCE

Zutaten für 4 Personen:
500 g Hackfleisch vom Rind
100 g Patnareis
1 große Zwiebel
2 Eier
Salz · Pfeffer, frisch gemahlen
30 g Butter
Saft von 1 Zitrone
1/2 Bund glatte Petersilie
1/2 Teel. Paprikapulver, edelsüß

GELINGT LEICHT

Pro Portion etwa:
1900 kJ/450 kcal
34 g Eiweiß · 27 g Fett
23 g Kohlenhydrate

Zubereitungszeit: etwa
1 1/4 Stunden

1. Das Hackfleisch in eine Schüssel geben. Den Reis abbrausen, abtropfen lassen und zum Fleisch geben. Die Zwiebel schälen und zum Fleisch reiben. 1 Ei, Salz und Pfeffer hinzufügen und alles gut verkneten. Aus der Masse walnußgroße Bällchen formen.

2. In einem breiten Topf 3/4 l Wasser mit der Butter und 1/2 Teelöffel Salz zum Sieden bringen. Die Bällchen vorsichtig einlegen. Bei schwacher Hitze etwa 20 Minuten ziehen lassen. Vom Herd nehmen.

3. Den Zitronensaft in ein Schüsselchen gießen. Das zweite Ei dazugeben und alles verquirlen. Einige Eßlöffel Fleischsud hineinquirlen und die Mischung unter Umrühren zu den Fleischbällchen gießen. Wieder erhitzen, jedoch nicht mehr kochen lassen. Mit Salz und Pfeffer abschmecken. Die Petersilie waschen, trockenschütteln und fein hacken. Mit dem Paprikapulver über die Fleischbällchen streuen. Heiß servieren.

HACKFLEISCH-WAFFELN

Zutaten für etwa 28 Stücke im Brüsseler Waffelautomaten für je 4 dünnere Waffeln:
150 g Zwiebeln
5 Eßl. Pflanzenöl
150 g gemischtes Hackfleisch
Salz
Pfeffer, frisch gemahlen
Paprikapulver, edelsüß
2 Eier
1 Prise Salz
1/4 l Wasser
250 g Mehl
1 Teel. Backpulver
Pflanzenöl oder Butterschmalz für das Waffeleisen

PREISWERT
GELINGT LEICHT

Pro Stück etwa:
300 kJ/71 kcal
3 g Eiweiß · 4 g Fett
6 g Kohlenhydrate

Zubereitungszeit: etwa
45 Minuten

1. Die Zwiebeln schälen und in kleine Würfel schneiden. Das Öl erhitzen und die Zwiebeln darin bei mittlerer Hitze glasig werden lassen. Dann das Hackfleisch dazugeben und etwa 5 Minuten braten. Mit Salz, Pfeffer und Paprikapulver pikant würzen.

2. Die Eier trennen. Die Eiweiße mit dem Salz zu flockigem Schaum schlagen.

3. Die Eigelbe und das Wasser schaumig rühren. Das Mehl mit dem Backpulver mischen und darüber sieben. Mit dem Hack und dann mit dem Eischnee unter die Eiermasse ziehen.

4. Das Waffeleisen erhitzen und einfetten. Mit einem Eßlöffel den Teig in das Eisen geben und glattstreichen. In 2–3 Minuten backen. In derselben Weise weitermachen, bis alle Waffeln fertig sind. Die fertigen Waffeln möglichst heiß servieren. Wenn Sie noch grünen Salat dazu reichen, haben Sie schnell eine komplette Mahlzeit.

Varianten:
Sie können auch Reste von Rind- oder Schweinefleisch, in kleine Würfel geschnitten oder durch den Wolf gedreht und mit Thymian gewürzt, in den Waffelteig geben.

HACKFLEISCH-TOAST

Zutaten für 4 Personen:
6 Scheiben altbackenes Toastbrot
1 Knoblauchzehe
200 g gemischtes Hackfleisch
1 Ei
Salz · Pfeffer
1 Eßl. dunkle Sojasauce
1 l geschmacksneutrales
Pflanzenöl

**SCHNELL
GELINGT LEICHT**

Pro Portion etwa:
2400 kJ/570 kcal
14 g Eiweiß · 50 g Fett
15 g Kohlenhydrate

Zubereitungszeit: etwa
20 Minuten

1. Das Toastbrot entrinden und vierteln. Den Knoblauch schälen und fein hacken.

2. Das Hackfleisch mit dem Ei, dem Knoblauch, Salz, Pfeffer und der Sojasauce mischen und würzen. Die Toastviertel mit je etwa 1 Teelöffel davon bestreichen.

3. Das Öl in einem Topf erhitzen. Die Toaststückchen darin in etwa 3 Minuten ausbacken, abfetten lassen und mit süß-sauer-scharfer Sauce servieren.

FRÜHLINGS-ROLLEN

Frühlingsrollen sind in Thailand eine sehr beliebte Vorspeise. Die Zubereitung der Teighüllen ist allerdings etwas kompliziert, zu empfehlen sind deshalb gefrorene Hüllen aus dem Asien-Laden.

Zutaten für 5 Personen:
20 tiefgefrorene Teigstücke für Frühlingsrollen (20 x 20 cm)
100 g Glasnudeln
100 g Weißkohl
50 g Möhren
2 Knoblauchzehen
2 Eßl. Öl
250 g gemischtes Hackfleisch
2 Eßl. Fischsauce
1 Eßl. Zucker
2 Eßl. Austernsauce
1 Eiweiß
1 l geschmacksneutrales Pflanzenöl

FÜR GÄSTE

Pro Portion etwa:
1900 kJ/450 kcal
12 g Eiweiß · 37 g Fett
16 g Kohlenhydrate

Zubereitungszeit: etwa
1 Stunde

1. Die Frühlingsrollenhüllen auftauen lassen. Die Glasnudeln in warmem Wasser etwa 10 Minuten einweichen. Dann abtropfen lassen und mit der Schere kleinschneiden.

2. Den Weißkohl und die Möhren putzen, waschen und in feine Streifen schneiden. Die Knoblauchzehen schälen und durch die Presse drücken.

3. Das Öl in einer Pfanne erhitzen. Den Knoblauch darin kurz braten. Das Hackfleisch hinzugeben und etwa 2 Minuten unter Rühren bei starker Hitze durchbraten. Den Weißkohl, die Möhren und die Glasnudeln dazugeben. Mit der Fischsauce, dem Zucker und der Austernsauce würzen und etwa 3 Minuten bei mittlerer Hitze weiterbraten. Dann abkühlen lassen.

4. Je 2 Eßlöffel Füllung in die Mitte der Teighüllen legen. Eine Spitze der Hülle weit über die Füllung legen, 2 Umdrehungen fest aufrollen, die Seiten nach innen einschlagen und dann den Rest fest aufrollen. Das Ende mit Eiweiß bestreichen und fest andrücken.

5. Das Öl in einem Topf erhitzen. Es ist heiß genug, wenn an einem hölzernen Kochlöffelstiel kleine Bläschen aufsteigen. Die Frühlingsrollen im heißen Öl etwa 3 Minuten goldgelb fritieren, abtropfen lassen und mit süß-sauer-scharfer Sauce servieren.

Im Bild rechts:
Hackfleisch-
toast
Im Bild links:
Frühlingsrollen

BROTFLADEN MIT HACK-FLEISCH

Zutaten für 8 Brotfladen:
Für den Teig:
550 g Mehl
1 Päckchen Trockenhefe
Salz
Fett für das Backblech
Für den Belag:
250 g Hackfleisch vom Rind
1 mittelgroße Zwiebel
2 mittelgroße Tomaten
2 milde oder scharfe Peperoni
1 gehäufter Eßl. Salça (Paprika-paste; türkisches Spezialgeschäft)
Salz
Pfeffer, frisch gemahlen
1 Ei
2 Eßl. Milch

**PREISWERT
FÜR GÄSTE**

Pro Fladen etwa:
1300 kJ/310 kcal
15 g Eiweiß · 6 g Fett
48 g Kohlenhydrate

Zubereitungszeit: etwa
2 Stunden
Ruhezeit für den Teig: etwa
30 Minuten

1. 500 g Mehl in eine Schüssel sieben. Die Trockenhefe daruntermischen, salzen. 1/8 l lauwarmes Wasser angießen und alles zu einem elastischen Teig verrühren. Den Teig kräftig schlagen und mit bemehlten Händen durchkneten. Den Teig zu einer Kugel formen, zudecken. An einem warmen Platz etwa 30 Minuten gehen lassen.

2. Das Hackfleisch in eine Schüssel geben. Die Zwiebel schälen und fein würfeln. Die Tomaten waschen, von den Stielansätzen befreien und würfeln. Die Peperoni putzen, waschen und fein würfeln. Alles mit der Paprikapaste, Salz und Pfeffer zum Fleisch geben. Die Zutaten mit dem Blitzhacker sehr fein zerkleinern.

3. Den Backofen auf 275° vorheizen. Ein Backblech ausfetten. Das Ei mit der Milch verquirlen. Den Teig gut durchkneten und in 8 Teile teilen. Jedes auf bemehlter Arbeitsfläche zu einem Oval ausrollen. 2 Teigovale auf das Blech legen. Je 1/8 der Fleischmasse darauf verstreichen. Die Ränder 2 cm nach innen klappen, mit verquirltem Ei bepinseln.

4. Die Fladen im Backofen (Mitte) etwa 10 Minuten backen. Die restlichen Teile ebenso verarbeiten.

GLASNUDEL-SUPPE MIT HACKFLEISCH

Zutaten für 4 Personen:
100 g Glasnudeln
2 Stengel frischer Koriander mit Wurzeln
5 lange Chinakohlblätter
3 Knoblauchzehen
1/2 Teel. Pfefferkörner
1/2 Teel. Salz
250 g gemischtes Hackfleisch
2 Eßl. gekörnte Rindsbouillon
3 Eßl. Fischsauce

Pro Portion etwa:
910 kJ/220 kcal
14 g Eiweiß · 13 g Fett
13 g Kohlenhydrate

Zubereitungszeit: etwa
20 Minuten

1. Die Glasnudeln in warmem Wasser etwa 10 Minuten einweichen, dann abtropfen lassen und einige Male durchschneiden.

2. Den Koriander waschen, die Blätter und die Stengel hakken. Die Wurzeln beiseite legen. Die Chinakohlblätter gut waschen und in Streifen schneiden. Den Knoblauch schälen und mit den Korianderwurzeln, dem Pfeffer und dem Salz im Mörser stampfen.

3. Das Hackfleisch mit etwas Pfeffer und Salz würzen. 1 l Wasser mit der Bouillon und der Knoblauch-Koriander-Paste zum Kochen bringen, das Hackfleisch mit einer Gabel vom Brett in die Suppe schaben und etwa 2 Minuten darin bei mittlerer Hitze kochen.

4. Den Chinakohl, die Glasnudeln und die Fischsauce unter die Suppe rühren und nochmals etwa 1 Minute kochen lassen. Die Suppe mit Salz abschmecken. Den gehackten Koriander sowie nach Belieben etwas Pfeffer über die Suppe geben.

Variante:
Statt des Korianders können Sie auch glatte Petersilie verwenden.

TEIGTASCHEN MIT JOGHURT

Manti

Eine Spezialität aus Mittelanatolien, wo es Ehrensache ist, die Teigtaschen so winzig zu falten, daß dreißig davon in eine Suppenkelle passen.

Zutaten für 4 Personen:
Für den Teig:
450 g Mehl
1/2 Teel. Salz
1 Ei
Für die Füllung:
250 g sehr fein durchgedrehtes Hackfleisch vom Lamm
1 mittelgroße Zwiebel
1 Bund glatte Petersilie
Salz
Pfeffer, frisch gemahlen
1 Teel. Paprikapulver, edelsüß
Für die Saucen:
500 g säuerlicher Joghurt
2 Knoblauchzehen
Salz
100 g Butter
1 Teel. Paprikapulver, rosenscharf

BRAUCHT ETWAS ZEIT

Pro Portion etwa:
2900 kJ/690 kcal
27 g Eiweiß · 26 g Fett
85 g Kohlenhydrate

Zubereitungszeit: etwa
2 1/2 Stunden
Ruhezeit für den Teig: etwa
30 Minuten

1. 400 g Mehl in eine Schüssel sieben, das Salz untermischen. Das Ei mit 1/8 l kaltem Wasser verquirlen. In das Mehl eine Mulde drücken und das verquirlte Ei hineingießen. Alles rasch zu einem elastischen Teig verkneten. Den Teig etwa 30 Minuten, in Folie gewickelt, ruhen lassen.

2. Das Hackfleisch in eine Schüssel geben. Die Zwiebel schälen und mit einer feinen Reibe hineinraspeln. Die Petersilie waschen, trockenschütteln und die Blättchen fein hacken. Das Hackfleisch mit Salz, Pfeffer und dem Paprikapulver würzen. Alles gut verkneten und abschmecken.

3. Den Teig in 5 Stücke teilen, nacheinander jedes Teil auf bemehlter Arbeitsfläche sehr dünn ausrollen. Quadrate mit 4 cm Seitenlänge ausschneiden. Je 1/2 Teelöffel der Füllung in die Mitte legen.

4. Die vier Zipfel der Quadrate über dem Fleisch zusammenfassen; Spitzen und Ränder gut zusammendrücken. Mit den restlichen Quadraten ebenso verfahren, bis alle Manti geformt sind.

5. Für die Sauce eine große Kaffeefiltertüte in ein Spitzsieb stecken. Den Joghurt zum Abtropfen hineingeben. Den abgetropften Joghurt in eine Schüssel geben. Den Knoblauch schälen und mit der Knoblauchpresse dazudrükken. Alles gut verrühren und mit Salz abschmecken.

6. In einem großen Topf Wasser mit 1 Eßlöffel Salz zum Sieden bringen. Die Teigtäschchen darin in mehreren Portionen jeweils 4–5 Minuten garen. In einem Sieb gut abtropfen lassen.

7. Die Butter in einem Pfännchen erhitzen, das Paprikapulver hineinrühren und das Pfännchen sofort von der Kochstelle nehmen, damit die Butter nicht bitter schmeckt.

8. Die Teigtäschchen auf 4 vorgewärmte tiefe Teller verteilen. Jede Portion mit Knoblauchjoghurt übergießen. Die heiße Paprikabutter auf die Sauce träufeln.

Variante:

2 Karotten und 1/2 Staudensellerie putzen und waschen. Die Karotten fein raspeln und den Staudensellerie in kleine Würfel schneiden. Gemüse mit der geraspelten Zwiebel dann, wie im Rezept beschrieben, zum Hackfleisch geben.

KÖNIGS-BERGER KLOPSE

Zutaten für 4 Personen:
1 1/2 Brötchen vom Vortag
1 Zwiebel
4 Eßl. Butter
500 g gemischtes Hackfleisch
2 Eier
je 1 Prise getrockneter Majoran,
Thymian und gemahlener Kümmel
Salz
schwarzer Pfeffer, frisch gemahlen
1 Prise Cayennepfeffer
1 1/2 l heiße Fleischbrühe
3 Eßl. Mehl
200 g Sahne
80 g Kapern
2 Eßl. Zitronensaft
Muskatnuß, frisch gerieben

SPEZIALITÄT AUS OSTPREUSSEN

Pro Portion etwa:
3000 kJ/710 kcal
32 g Eiweiß · 57 g Fett
18 g Kohlenhydrate

Zubereitungszeit: etwa
1 Stunde

1. Die Brötchen in heißem Wasser einweichen. Die Zwiebel schälen und klein würfeln. 1 Eßlöffel Butter erhitzen. Die Zwiebel darin glasig dünsten. Hackfleisch, ausgedrückte Brötchen, Eier, Majoran, Thymian, Kümmel und Zwiebel vermengen und mit Salz, Pfeffer und Cayennepfeffer würzen. Mit feuchten Händen kleine Klößchen formen. Die Fleischbrühe erhitzen. Die Klößchen darin etwa 20 Minuten ziehen lassen.

2. Die restliche Butter erhitzen. Das Mehl darin anschwitzen. Unter Rühren so viel Brühe dazugießen, bis eine sämige Sauce entsteht, etwa 5 Minuten köcheln lassen. Sahne und Kapern hinzufügen. Mit Zitronensaft und Muskat abschmecken. Die Klößchen in der Sauce kurz ziehen lassen.

KRAUTWICKEL

Zutaten für 4–6 Personen:
2 Brötchen vom Vortag
Salz
1 Teel. Kümmel
1 großer Weißkrautkopf
400 g gemischtes Hackfleisch
3 Zwiebeln
2 Eier
je 3 Prisen getrockneter Majoran,
Thymian, gemahlener Kümmel
und Paprikapulver, edelsüß
schwarzer Pfeffer, frisch gemahlen
Streuwürze
1 Möhre
50 g Räucherspeck
1 Eßl. Mehl
Zum Braten: Butterschmalz

BRAUCHT ETWAS ZEIT

Bei 6 Personen pro Portion etwa:
1600 kJ/380 kcal
21 g Eiweiß · 24 g Fett
24 g Kohlenhydrate

Zubereitungszeit: etwa
2 Stunden

1. Die Brötchen in heißem Wasser einweichen. Etwa 2 1/2 l Salzwasser mit dem Kümmel zum Kochen bringen. Vom Kraut den Strunk herausschneiden, schadhafte Stellen entfernen. Das Kraut im Salzwasser blanchieren, nach und nach die Blätter ablösen.

2. Hackfleisch und ausgedrückte Brötchen in eine Schüssel geben. 1 Zwiebel schälen und klein würfeln, mit Eiern und Gewürzen zum Hack geben. Mit Salz, Pfeffer und Streuwürze abschmecken.

3. Auf jedes Kohlblatt 2–3 Eßlöffel von der Hackfleischfüllung geben. Die Blätter seitlich darüber schlagen und aufrollen, gut mit Küchengarn umwickeln. Die restlichen Zwiebeln und die Möhre schälen, grob zerkleinern. Speck in Scheiben schneiden.

4. Den Backofen auf 220° vorheizen. 3 Eßlöffel Butterschmalz erhitzen. Den Speck darin anbraten, auf die Seite schieben, die Krautwickel hineingeben und kräftig anbraten. Seitlich Zwiebeln, Möhren und etwas kleingeschnittenes Kraut verteilen, anrösten. 1/2 l Kochwasser vom Kraut angießen. Die Krautwickel zugedeckt im Backofen (unten, Umluft 200°) 35–40 Minuten schmoren lassen.

5. Das Mehl mit 3 Eßlöffeln kaltem Wasser verrühren. Die Sauce damit binden und noch einige Minuten durchköcheln lassen. Die Krautwickel mit Salzkartoffeln servieren.

Im Bild vorne:
Krautwickel
Im Bild hinten:
Königsberger
Klopse

FLEISCH-BÄLLCHEN

Zutaten für 16 Stücke:
250 g Rinderhack
250 g Schweinemett
50 g Semmelbrösel
100 g Sahne
1 Ei
1 mittelgroße Zwiebel
abgeriebene Schale von
1/4 unbehandelten Zitrone
Salz
Piment, gemahlen
schwarzer Pfeffer, frisch gemahlen
2 Eßl. Butterschmalz

PREISWERT WÜRZIG

Pro Stück etwa:
570 kJ/140 kcal
7 g Eiweiß · 11 g Fett
3 g Kohlenhydrate

Zubereitungszeit: etwa
30 Minuten

1. Das Fleisch mit den Semmelbröseln, der Sahne und dem Ei in eine Schüssel geben.

2. Die Zwiebel schälen und ganz fein hacken. Die Zitronenschale hinzufügen. Mit Salz, 1 Prise Piment und viel Pfeffer würzen. Alle Zutaten mit den Knethaken des Handrührgerätes verkneten.

3. Mit nassen Händen aus dem Fleischteig eine Rolle formen. In 16 Portionen teilen und zu Bällchen formen.

4. In einer großen Pfanne das Butterschmalz erhitzen. Die Fleischbällchen darin bei mittlerer Hitze braun anbraten. Dann zugedeckt bei kleiner Hitze etwa 10 Minuten braten.

BEEFHACK IN DER FORM

Zutaten für 8 Personen:
1 kg mageres Rinderhack
4 gekochte kalte Kartoffeln
80 g Salzgurke
80 g eingelegte rote Beten
(aus dem Glas)
1 mittelgroße Zwiebel
100 g saure Sahne · Salz
schwarzer Pfeffer, frisch gemahlen
Piment, gemahlen
1 Teel. Butterschmalz

GELINGT LEICHT

Pro Portion etwa:
1400 kJ/330 kcal
30 g Eiweiß · 20 g Fett
11 g Kohlenhydrate

Zubereitungszeit: etwa
25 Minuten
Backzeit: etwa
40 Minuten

1. Das Rinderhack in eine Schüssel geben. Die gekochten Kartoffeln fein raffeln und zum Hackfleisch hinzufügen.

2. Die Salzgurke und die roten Beten in kleine Würfel schneiden. Dann die Zwiebel schälen und fein würfeln.

3. Die Salzgurke, die roten Beten, die Zwiebel und die saure Sahne zum Fleisch geben. Salz, reichlich Pfeffer und 2 Prisen Piment hinzufügen.

4. Alles mit den Knethaken des Handrührgerätes gründlich verkneten.

5. Eine rechteckige, ofenfeste Form (35 x 45 cm) mit dem Butterschmalz ausstreichen. Den Fleischteig in die Form drücken und einen Rand formen. Mit der Handkante Dellen in die Mitte drücken.

6. Die Form auf den Rost in den kalten Backofen (Mitte) stellen und das Fleisch bei 200° (Umluft 180°) etwa 40 Minuten backen. Das Beefhack in Stücke schneiden und nach Belieben in der Form warm servieren. Dazu können Sie eine Schüssel mit saurer Sahne oder Kräuterquark stellen.

PASTA ALLA BOLOGNESE

Nudeln mit Fleischragout

Zutaten für 4 Personen:
1 kleine Zwiebel
1 kleine Möhre
1 Stange Bleichsellerie
50 g durchwachsener Räucherspeck ohne Schwarte
400 g Dosentomaten
4 Eßl. Olivenöl
20 g Butter
200 g Rinderhackfleisch
100 g Schweinehackfleisch
500 ml trockener Rotwein
5 Eßl. Fleischbrühe
Salz
schwarzer Pfeffer, frisch gemahlen
1 Gewürznelke
1 Lorbeerblatt
Muskatnuß, frisch gerieben
400 g Spaghetti
80 g Parmesan, frisch gerieben

BRAUCHT ETWAS ZEIT

Pro Portion etwa:
3500 kJ/830 kcal
39 g Eiweiß · 43 g Fett
73 g Kohlenhydrate

Zubereitungszeit: etwa
1 3/4 Stunden

1. Die Zwiebel und die Möhre schälen. Mit dem geputzten Sellerie fein hacken. Den Speck fein schneiden. Die Tomaten in einem Sieb etwas abtropfen lassen, dann zerdrücken. Den entstehenden Saft dabei auffangen.

2. Das Öl und die Butter erhitzen. Die Zwiebel darin etwa 5 Minuten anbraten. Dann die Möhre, den Sellerie und den Speck noch etwa 5 Minuten mitbraten.

3. Das Hackfleisch dazugeben und unter Rühren bei starker Hitze etwa 5 Minuten braten. Mit dem Wein ablöschen. Diesen verdampfen lassen. Die Brühe angießen und etwas einkochen. Die abgetropften Tomaten untermischen.

4. Den »Sugo« mit Salz, Pfeffer, der Nelke, dem Lorbeerblatt und dem Muskat würzen. Durchrühren und bei ganz schwacher Hitze noch etwa 1 Stunde schmoren lassen. Je nach Bedarf etwas Tomatensaft angießen.

5. Die Nudeln in Salzwasser »al dente«, bißfest, kochen und abtropfen lassen. Auf Teller verteilen. Das Hackfleischragout und den Käse darübergeben, die Pasta sofort servieren.

FRIKADELLEN

Zutaten für 4 Personen:
1 Brötchen (vom Vortag)
1 mittelgroße Zwiebel
500 g gemischtes Hackfleisch
1 frisches Ei
1 Teel. Salz
1 Prise schwarzer Pfeffer, frisch gemahlen
1 große Prise Paprikapulver, edelsüß
1 Eßl. Fett

**PREISWERT
SCHNELL**

Pro Portion etwa:
1700 kJ/400 kcal
28 g Eiweiß · 29 g Fett
8 g Kohlenhydrate

Zubereitungszeit: etwa
25 Minuten

1. Brötchen mit heißem Wasser bedecken und einweichen lassen. Wenn sich das Brötchen vollgesogen hat, mit den Händen ausdrücken. Zwiebel schälen, abspülen und in feine Würfel schneiden.

2. Brötchen, Zwiebelwürfel, Hackfleisch, Ei, Salz, Pfeffer und Paprikapulver in eine große Rührschüssel geben und mit den Knethaken des Hand-

rührgerätes einen Fleischteig herstellen. Daraus mit feuchten Händen möglichst gleich große Frikadellen formen.

3. Fett in einer Pfanne erhitzen, die Frikadellen darin bei mittlerer Hitze von jeder Seite etwa 5 Minuten braten, bis sie braun werden. Zu den Frikadellen passen jedes Gemüse und Salzkartoffeln.

Variante: Hackfleischbällchen mit Teufelssauce
Fleischteig wie angegeben herstellen. Daraus kleine Hackfleischbällchen formen und braten oder grillen. Für die Teufelssauce 1 Zwiebel schälen und fein würfeln. In einer Rührschüssel mit 1 großen Flasche Ketchup, 1/4 Flasche Tabasco-Sauce, je 1 Eßlöffel Curry- und Paprikapulver, 1 Spritzer Maggiwürze, 1/2 Glas Mango-Chutney, Salz und Zucker verrühren. Sauce in ein oder mehrere Schüsselchen füllen, als Dip zu den warmen oder kalten Hackfleischbällchen dazu reichen.

HACKBRATEN MIT ROTKOHL

Zutaten für 4–6 Personen:
Für den Hackbraten:
2 Brötchen vom Vortag
3 Zwiebeln · 2 Knoblauchzehen
100 g Räucherspeck · 1 Eßl. Butter
600 g gemischtes Hackfleisch
2 Eßl. Semmelbrösel · 2 Eier
1 Teel. Senf · Salz
schwarzer Pfeffer, frisch gemahlen
Muskatnuß, frisch gerieben
1/2 Teel. Kümmel
je 1 gute Prise getrockneter
Majoran, Thymian, Cayennepfeffer
und Paprikapulver, edelsüß
2 hartgekochte Eier · 2 Tomaten
1 Eßl. Mehl · 100 g saure Sahne
Für den Rotkohl:
1 kg Rotkohl (Blaukraut)
1 säuerlicher Apfel (beispielsweise
Boskop)
1 Zwiebel · 1 Lorbeerblatt
2 Gewürznelken
2 Eßl. Schweineschmalz · Salz
schwarzer Pfeffer, frisch gemahlen
1 Eßl. Zucker · 3 Eßl. Weinessig
Zum Braten: Butterschmalz
Zum Garnieren: krause Petersilie

PREISWERT

Bei 6 Personen pro Portion etwa:
2800 kJ/670 kcal
32 g Eiweiß · 47 g Fett
27 g Kohlenhydrate

Zubereitungszeit: etwa
2 Stunden

1. Die Brötchen in heißem Wasser einweichen. 1 Zwiebel und den Knoblauch schälen, in kleine Würfel schneiden. Eine Hälfte Speck klein würfeln, die andere in Scheiben schneiden. Die Butter erhitzen, die Speckwürfel darin anbraten. Nach einigen Minuten Zwiebel- und Knoblauchwürfel hinzufügen.

2. Das Hackfleisch in eine Schüssel geben. Die Brötchen gut ausdrücken und hinzufügen. Semmelbrösel, Eier, Senf, Salz, die Gewürze sowie die Speck- und Zwiebel-Mischung dazugeben. Die Masse gründlich durchkneten und etwa 15 Minuten ruhen lassen, dann nochmals abschmecken.

3. Mit angefeuchteten Händen einen länglichen Laib formen. Die hart gekochten Eier schälen und hintereinander in die Mitte der Hackfleischmasse legen. Den Teig darüber wieder gut verschließen und glattstreichen. Den Backofen auf 200° vorheizen.

4. Die restlichen Zwiebeln schälen und grob zerteilen. Die Tomaten abspülen und in Stücke schneiden, dabei die Stielansätze entfernen. Etwa 3 Eßlöffel Butterschmalz in einem Schmortopf erhitzen. Den Hackbraten darin kräftig anbraten, vorsichtig umdrehen und auf die angebratene Seite die Speckscheiben legen.

5. Die Zwiebel- und Tomatenstücke seitlich in den Bräter legen. Etwa 1/4 l Wasser angießen. Den Hackbraten zugedeckt im Backofen (unten, Umluft 180°) etwa 1 Stunde braten. Nach etwa 40 Minuten eventuell noch etwas Wasser nachgießen.

6. Den Rotkohl putzen, vierteln und in feine Streifen schneiden. Den Apfel schälen, vierteln und das Kerngehäuse herausschneiden. Die Zwiebel schälen, das Lorbeerblatt mit den Nelken daran feststecken. Das Schweineschmalz erhitzen. Rotkohl, Apfelstücke, Zwiebel, Salz, Pfeffer, Zucker und Essig hineingeben. 1/4 l Wasser angießen und zugedeckt etwa 1 Stunde garen.

7. Den fertigen Braten auf eine Platte heben und im abgeschalteten Ofen ruhen lassen. Das Mehl mit 2 Eßlöffeln Wasser verrühren. Unter die Sauce rühren, dabei den seitlichen Bratansatz ablösen. Kurz durchköcheln lassen und die saure Sahne unterrühren. Nicht mehr kochen lassen.

8. Den Hackbraten in Scheiben schneiden, auf einer Platte anrichten und mit der Petersilie garnieren. Den Rotkohl in eine Schüssel füllen. Die Sauce extra dazu reichen. Als Beilage schmecken Salzkartoffeln oder auch Kartoffelpüree.

Sollte von diesem würzigen Hackbraten wider Erwarten etwas übrig bleiben: Er schmeckt auch kalt ganz ausgezeichnet.

CANNELLONI

Gefüllte Nudelteigrollen

Zutaten für 4 Personen:
2 kleine Zwiebeln
2 Knoblauchzehen
400 g Dosentomaten
1 Bund Petersilie
6 Eßl. Olivenöl, kaltgepreßt
Salz
weißer Pfeffer, frisch gemahlen
250 g Spinat
100 g gekochter Schinken
ohne Schwarte
350 g Hackfleisch (gemischt von
Kalb und Schwein)
2 Eier
100 g Parmesan, frisch gerieben
20 Cannelloni (mit Vorkochen oder
18 Cannelloni ohne Vorkochen
verwendbar)
50 g Butter
25 g Mehl
150–175 ccm Milch
Für die Form: Butter

FÜR GÄSTE

Pro Portion etwa:
4300 kJ/1000 kcal
54 g Eiweiß · 63 g Fett
65 g Kohlenhydrate

Zubereitungszeit: etwa
2 1/4 Stunden

1. Die Zwiebeln und den Knoblauch schälen. Die Zwiebeln fein hacken. Den Knoblauch durch die Knoblauchpresse drücken. Die Tomaten mit einer Gabel zerdrücken. Die Petersilie waschen, trockenschwenken und kleinhacken.

2. In einer Kasserolle 3 Eßlöffel Öl erhitzen, die Hälfte der Zwiebeln und des Knoblauchs sowie die Petersilie darin bei mittlerer Hitze etwa 5 Minuten anbraten. Dann die Tomaten dazugeben. Alles salzen, pfeffern und bei schwacher Hitze zugedeckt etwa 30 Minuten köcheln.

3. Inzwischen den Spinat gründlich waschen, tropfnaß in einen Topf geben und bei schwacher Hitze zugedeckt so lange dämpfen, bis die Blätter zusammenfallen. Dann in einem Sieb abtropfen lassen, gut ausdrücken und kleinhacken. Den Schinken kleinhacken.

4. Das restliche Öl erhitzen. Die restlichen Zwiebeln und den restlichen Knoblauch darin bei mittlerer Hitze etwa 5 Minuten anbraten. Dann das Fleisch bei starker Hitze etwa 5 Minuten mitbraten. Das Fleisch dabei mit einer Gabel zerdrücken, damit es nicht klumpt. Dann mit dem Spinat und dem Schinken in eine Schüssel geben und etwas abkühlen lassen. Für die Füllung diese Zutaten mit den Eiern, der Hälfte des Käses, Salz und Pfeffer gründlich vermischen.

5. Die vorzukochenden Cannelloni in reichlich Salzwasser knapp »al dente«, bißfest, garen. Abtropfen lassen und auf ein Tuch legen.

6. Die Hälfte der Butter schmelzen. Das Mehl darin kurz anschwitzen lassen. Die Milch unter Rühren mit dem Schneebesen langsam dazugießen, aufkochen lassen, dann die Béchamelsauce salzen und pfeffern.

7. Den Backofen auf 200° vorheizen. Eine feuerfeste Form mit Butter ausstreichen.

8. Die Cannelloni mit der Fleisch-Spinat-Masse füllen.

9. Die Hälfte der Tomatensauce auf dem Boden der Form verteilen. 10 Cannelloni nebeneinander darauf legen. Die halbe Béchamelsauce darüber löffeln. Darauf die restlichen Cannelloni legen und mit der restlichen Tomatensauce und Béchamelsauce übergießen. Den Rest des Parmesans darüber streuen. Die restliche Butter in Flöckchen darauf setzen. Die Cannelloni im Backofen (Mitte) so lange backen, bis der Käse zerläuft und leicht braun wird. Das dauert in der Regel 20–30 Minuten (bei Cannelloni ohne Vorkochen benötigen Sie 30–35 Minuten).

Diese Cannelloni führen ein reiches Innenleben: Mit Spinat, Schinken, Hackfleisch und Eiern gehören sie schon zur Luxusklasse.

SPANISCHE FLEISCH-BÄLLCHEN

Zutaten für 4–6 Personen:
Für die Fleischbällchen:
600 g Rinderhackfleisch
4 Eßl. Semmelbrösel · 6 Eßl. Milch
2 kleine Eier · Salz
schwarzer Pfeffer, frisch gemahlen
1/2 Teel. Kreuzkümmel
1/2 Teel. getrockneter Oregano
Für die Sauce:
1 große Zwiebel
1/2 grüne Paprikaschote
2 Eßl. neutrales Öl · 1 Eßl. Mehl
1 große Dose geschälte Tomaten
(800 g)
Salz · Cayennepfeffer
4 Eßl. gemahlene Mandeln

**RAFFINIERT
FÜR GÄSTE**

Bei 6 Personen pro Portion etwa:
1800 kJ/430 kcal
26 g Eiweiß · 29 g Fett
14 g Kohlenhydrate

Zubereitungszeit: etwa
1 Stunde

1. Für die Fleischbällchen alle Zutaten gründlich mischen. Dann die Masse pikant abschmecken und zu kleinen Bällchen formen.

2. Für die Sauce die Zwiebel schälen und klein würfeln. Die Paprikaschote waschen, putzen und klein würfeln. Das Öl in einer breiten Pfanne erhitzen, die Zwiebel darin glasig werden lassen. Die Paprika kurz mit anbraten.

3. Das Mehl über das Gemüse streuen und unter Rühren kurz anschwitzen. Die Tomaten mit ihrem Saft dazugeben. Die Tomaten mit einem Löffel zerdrücken.

4. Die Sauce mit Salz und Cayennepfeffer würzen und offen bei starker Hitze etwas einkochen lassen. Die Fleischbällchen hineingeben, zugedeckt etwa 30 Minuten bei schwacher Hitze garen.

5. Die Mandeln unter die Tomatensauce rühren, alles noch einmal aufkochen lassen und herzhaft abschmecken.

CHINESISCHE FLEISCH-BÄLLCHEN

Zutaten für 4–6 Personen:
Für die Fleischbällchen:
150 g Wasserkastanien
(aus der Dose)
3 zarte Frühlingszwiebeln
25 g frischer Ingwer
600 g Schweinehackfleisch
2 Eßl. Sojasauce
1 Ei
2 Eßl. Sesamsamen
3 Teel. Speisestärke
3 Eßl. neutrales Öl
Für die Sauce:
1 Knoblauchzehe
1/4 l Hühnerbrühe
2 Teel. Speisestärke
3 zarte Frühlingszwiebeln
Sojasauce

PREISWERT

Bei 6 Personen pro Portion etwa:
1165 kJ/275 kcal
22 g Eiweiß · 19 g Fett
12 g Kohlenhydrate

Zubereitungszeit: etwa
1 Stunde

1. Für die Fleischbällchen die Wasserkastanien abtropfen lassen. Die Frühlingszwiebeln waschen und putzen. Den Ingwer schälen. Alles fein hacken und mit dem Hackfleisch, der Sojasauce, dem Ei, den Sesamsamen und 1 Teelöffel Speisestärke vermischen. Die restliche Stärke auf einen kleinen Teller geben.

2. Aus der Hackfleischmasse kleine Bällchen formen, diese in Speisestärke wenden. In einer breiten Pfanne das Öl leicht erhitzen, die Bällchen darin rundherum bei schwacher Hitze etwa 20 Minuten braten. Herausnehmen.

3. Für die Sauce den Knoblauch schälen und in die Pfanne pressen, leicht anbraten. Die Brühe mit der Speisestärke glattrühren und in die Pfanne gießen, köcheln lassen.

4. Inzwischen die Frühlingszwiebeln waschen, putzen und in sehr schräge feine Ringe schneiden. In die Sauce rühren, mit Sojasauce abschmecken. Die Fleischbällchen kurz darin erhitzen.

Im Bild vorne:
Chinesische
Fleischbällchen
Im Bild hinten:
Spanische
Fleischbällchen

SCHOTTISCHE EIER

Zutaten für 8 Stücke:
10 Eier
700 g Schweinehackfleisch
Salz
schwarzer Pfeffer, frisch gemahlen
1 Prise Muskatnuß, frisch gerieben
100 g Semmelbrösel
Zum Fritieren: Öl

PREISWERT

Pro Stück etwa:
1300 kJ/310 kcal
29 g Eiweiß · 18 g Fett
9 g Kohlenhydrate

Zubereitungszeit: etwa
1 Stunde

1. 8 Eier anstechen, in kochendes Wasser geben und in etwa 10 Minuten hart kochen. Inzwischen das Hackfleisch in eine Schüssel geben, mit Salz, Pfeffer und Muskat kräftig würzen und gut mischen.

2. Die Eier kalt abschrecken und schälen. Die rohen Eier mit 1 Teelöffel Wasser in einer kleinen Schüssel verquirlen. Die hartgekochten Eier darin wenden.

3. Die Semmelbrösel in einen Suppenteller geben. Jedes gekochte Ei etwa 1/2 cm dick mit der Hackfleischmasse umhüllen, dann zuerst nochmals in den verquirlten Eiern, anschließend in den Semmelbröseln wenden. Die Panade sorgfältig andrücken.

4. Reichlich Öl in einem großen Topf oder einer Friteuse erhitzen. Die Eier darin mindestens 15 Minuten bei mittlerer Hitze goldbraun fritieren. Mit einem Schaumlöffel herausnehmen und auf Küchenpapier abtropfen lassen. Mit Senf servieren.

HACKFLEISCH-BULGUR-BÄLLCHEN

Zutaten für etwa 20 Bällchen:
200 g Bulgur
(Reformhaus oder Naturkostladen)
2 mittelgroße Zwiebeln
500 g Lamm- oder Rinderhackfleisch
1 Teel. gemahlener Piment
1 Teel. Paprikapulver, edelsüß
Salz
schwarzer Pfeffer, frisch gemahlen
2 Eßl. Butter
1/2 Teel. gemahlener Zimt
50 g Pinienkerne
Öl zum Fritieren

BRAUCHT ETWAS ZEIT

Bei 20 Bällchen pro Stück etwa:
660 kJ/160 kcal
7 g Eiweiß · 11 g Fett
8 g Kohlenhydrate

Zubereitungszeit: etwa
1 1/2 Stunden

1. Den Bulgur in eine Schüssel geben, mit kochendem Wasser bedecken und etwa 10 Minuten quellen lassen. In der Zwischenzeit die Zwiebeln schälen und fein hacken.

2. Den Bulgur in einem feinmaschigen Sieb gut abtropfen lassen. Mit der Hälfte der Zwiebeln, zwei Dritteln des Hackfleischs, dem Piment und dem Paprikapulver in eine Schüssel geben. Alles mit den Händen gründlich vermischen und mit Salz und Pfeffer würzen.

3. Für die Füllung die Butter zerlassen und die restlichen Zwiebeln und das restliche Hackfleisch darin bei mittlerer Hitze etwa 5 Minuten anbraten. Mit dem Zimt, Pfeffer und Salz würzen, gut verrühren und beiseite stellen. Die Pinienkerne in einer trockenen Pfanne ohne Fett goldbraun rösten. Unter das Hackfleisch mischen.

4. Aus der Hackfleisch-Bulgur-Masse etwa 20 Bällchen formen. In jedes Bällchen mit dem Daumen oder Zeigefinger eine Vertiefung drücken.

5. Die Hände mit Wasser anfeuchten und die Vertiefung mit einem Finger jeweils vorsichtig so weit ausformen, daß ein etwa pflaumengroßer Hohlraum entsteht.

6. Von der Hackfleischfüllung pro Bällchen 1 Eßlöffel abnehmen und mit den Fingern in den Hohlraum füllen.

7. Den Hohlraum schließen. Dafür die Kanten mit Wasser befeuchten und über der Füllung zusammendrücken. Dabei darauf achten, daß in der Teighülle keine Risse oder Löcher entstehen. Die Bällchen sollten die Form einer Birne haben.

8. Das Öl in einer Friteuse oder einem Fritiertopf auf mittlerer Stufe erhitzen und die gefüllten Bällchen darin in

5–10 Minuten dunkelbraun ausbacken. Herausnehmen, auf Küchenpapier gut abtropfen lassen und warm oder kalt servieren. Dazu passen Salat und Fladenbrot.

Variante: Hackfleisch-Bulgur-Pastete

Die Hälfte des Hackfleisch-Bulgur-Teigs auf den Boden einer gefetteten Springform drücken. Die Hackfleisch-Zwiebel-Pinienkern-Füllung darüber verteilen. Die restliche Teigmasse darauf glattstreichen. 5 Eßlöffel Olivenöl darüber träufeln und die Pastete im vorgeheizten Ofen (Mitte) bei 200° in etwa 45 Minuten garen. Dazu schmeckt Sahnejoghurt besonders gut.

GEFÜLLTE TINTENFISCHE

Zutaten für 4 Personen:
20 mittelgroße küchenfertige Tintenfischkörper
1 daumengroßes Stück Ingwer
2 Frühlingszwiebeln
7 getrocknete Tongku-Pilze (Shiitake)
1 Stengel frischer Koriander mit Wurzel
5 Knoblauchzehen
1/2 Teel. schwarzer Pfeffer
350 g gemischtes Hackfleisch
2 Eßl. dunkle Sojasauce
1 Ei
4 Eßl. Öl
3 Eßl. Austernsauce
2 Eßl. Fischsauce
1 Eßl. Zucker

FÜR GÄSTE RAFFINIERT

Pro Portion etwa:
1900 kJ/450 kcal
37 g Eiweiß · 30 g Fett
7 g Kohlenhydrate

Zubereitungszeit: etwa 40 Minuten

1. Die Tintenfischkörper waschen und abtropfen lassen.

2. Den Ingwer schälen und fein hacken. Die Frühlingszwiebeln putzen, der Länge nach halbieren, waschen und in etwa 3 cm lange Stücke schneiden.

3. Die Tongku-Pilze waschen, in einer kleinen Schüssel mit gut 1/8 l warmem Wasser bedecken und etwa 20 Minuten einweichen. Dann die Pilze ausdrücken und vierteln. Das Einweichwasser aufbewahren.

4. Den Koriander waschen, die Blätter abzupfen und beiseite legen. Die Wurzel abschneiden und mit 2 geschälten Knoblauchzehen und dem Pfeffer im Mörser zerstampfen. Das Hackfleisch mit der Knoblauchpaste, der Sojasauce und dem Ei vermischen und pikant abschmecken.

5. Das Hackfleisch in die Tintenfischkörper füllen. Den übrigen Knoblauch schälen und fein hacken.

6. Das Öl in einer Pfanne erhitzen. Den Knoblauch und den Ingwer darin leicht anbraten. Die gefüllten Tintenfischbeutel in die Pfanne legen und von allen Seiten bei mittlerer Hitze braun braten. Die Tongku-Pilze, die Austern- und die Fischsauce, den Zucker und das Einweichwasser der Pilze hinzugeben.

7. Die Tintenfische zugedeckt bei schwacher Hitze etwa 5 Minuten schmoren. Die Frühlingszwiebeln hinzufügen, kurz aufkochen lassen und auf einer Platte anrichten. Mit den Korianderblättern garnieren.

RINDER-HASCHEE MIT PAPRIKA

Zutaten für 4 Personen:
3 Zwiebeln
2 Knoblauchzehen
2 gelbe Paprikaschoten
je 2 Eßl. Butter und Öl
2 Frühlingszwiebeln
350 g Rinderhack (Tatar)
4 Tomaten · 1 Lorbeerblatt
5 Gewürznelken
1 Eßl. Pimentkörner
2 Teel. Korianderkörner
1 Teel. getrockneter Oregano
2 Eßl. Tomatenmark
1/4 l Fleischbrühe
150 ml trockener Rotwein (ersatzweise Gemüsesaft)
2 Eßl. Weißweinessig
Tabascosauce · Salz
Pfeffer, frisch gemahlen

SPEZIALITÄT AUS KUBA

Pro Portion etwa:
1600 kJ/380 kcal
23 g Eiweiß · 23 g Fett
13 g Kohlenhydrate

Zubereitungszeit: etwa
35 Minuten

1. Die Zwiebeln und den Knoblauch pellen und fein hacken. Die Paprikaschoten waschen, halbieren, vom Kerngehäuse befreien und würfeln. Die Butter und das Öl erhitzen. Das Gemüse darin anbraten, bis es goldgelb ist.

2. Die Frühlingszwiebeln waschen, putzen, in Scheiben schneiden. Mit dem Hackfleisch zu den Zwiebeln geben, anbraten. Die Tomaten mit ko-chendem Wasser überbrühen, häuten und würfeln, dabei die Stielansätze entfernen. Die Gewürze im Mörser zerstoßen. Tomatenmark, Brühe und Rotwein dazugeben. Etwa 15 Minuten garen. Mit Essig, Tabasco, Salz und Pfeffer würzen und abschmecken.

LAMMHACK MIT JOGHURT

Türkisches Sommergericht

Zutaten für 4 Personen:
700 g Blattspinat
1 Bund glatte Petersilie
1 Lorbeerblatt
je 1 Teel. Kreuzkümmel,
Koriander-, Piment- und schwarze Pfefferkörner
2 kleine, getrocknete rote Chilischoten
1 Eßl. getrocknete Minze
2 Teel. getrockneter Oregano
1/2 Teel. Muskatnuß,
frisch gerieben
1 Teel. grobes Salz
4 Zwiebeln
4–6 Knoblauchzehen
2 Eßl. Olivenöl
400 g Lammhack
100 ml kräftige Fleischbrühe
4 Tomaten
2 Eßl. Tomatenmark
500 g Joghurt (3,5 % Fett)
2 Eßl. neutrales Öl
1/2 Teel. Paprikapulver,
rosenscharf
1 Teel. Paprikapulver, edelsüß
2 Zitronen

RAFFINIERT

Pro Portion etwa:
2100 kJ/500 kcal
30 g Eiweiß · 32 g Fett
22 g Kohlenhydrate

Zubereitungszeit: etwa
45 Minuten

1. Den Spinat verlesen, putzen, waschen und abtropfen lassen. Die Petersilie waschen und fein hacken. Die Gewürze mit dem Salz im Mörser zerstoßen.

2. Die Zwiebeln und 3 Knoblauchzehen pellen und fein hacken. Das Öl erhitzen, Zwiebeln und Knoblauch darin anbraten. Das Hack dazugeben, bröselig braten. Gewürze, Spinat und Brühe dazugeben. Alles zugedeckt etwa 25 Minuten garen.

3. Die Tomaten mit kochendem Wasser überbrühen, häuten und halbieren, dabei die Stielansätze entfernen. Die Tomaten entkernen, grob hacken und mit dem Tomatenmark unter das Fleisch rühren.

4. Den Joghurt in einer Schüssel cremig rühren. Die restlichen Knoblauchzehen pellen und dazupressen, salzen und pfeffern. Das Öl mit beiden Paprikasorten erwärmen, bis es rotgefärbt ist. Die Zitronen vierteln.

5. Das Spinat-Hack auf jeweils einer Tellerhälfte anrichten, auf die andere Tellerhälfte Joghurtsauce geben. Mit dem Paprikaöl ein Muster darauf träufeln, mit den Zitronenvierteln servieren. Dazu paßt türkisches Fladenbrot.

Im Bild vorne:
Lammhack mit
Joghurt
Im Bild hinten:
Rinderhaschee
mit Paprika

TARHANA-SUPPE

Zutaten für 4 Personen:
1 mittelgroße Zwiebel
2 milde Paprikaschoten
2 mittelgroße Tomaten
60 g Butter
150 g Hackfleisch vom Rind
oder Kalb
1 1/2 l Fleischbrühe
100 g Tarhana-Mehl
(türkisches Spezialgeschäft)
Salz · Pfeffer, frisch gemahlen
1/2 Teel. Paprikapulver, edelsüß
oder rosenscharf
3 Scheiben Weiß- oder Toastbrot

GELINGT LEICHT
SCHNELL

Pro Portion etwa:
1600 kJ/380 kcal
15 g Eiweiß · 21 g Fett
32 g Kohlenhydrate

Zubereitungszeit: etwa
40 Minuten

1. Die Zwiebel schälen und
fein würfeln. Die Paprikaschoten von den Stielansätzen, den
Kernen und den Trennwänden
befreien, die Schoten längs
halbieren, die Hälften waschen und in Streifchen
schneiden. Die Tomaten kochendheiß überbrühen, häuten, von den Stielansätzen befreien und würfeln.

2. Die Hälfte der Butter in einem Suppentopf zerlassen
und die Zwiebel darin glasig
dünsten. Die Paprikaschoten
und die Tomaten dazugeben
und etwa 2 Minuten mitschmoren. Das Hackfleisch hinzufügen und unter Wenden mit anbraten. Die Brühe dazugießen
und alles aufkochen. Den Topf

von der Kochstelle nehmen
und das Tarhana-Mehl unter
ständigem Rühren einrieseln
lassen. Die Suppe bei schwacher Hitze etwa 10 Minuten
kochen. Mit Salz, Pfeffer und
Paprikapulver abschmecken.

3. Das Brot in kleine Würfel
schneiden. Die restliche Butter
in einer Pfanne zerlassen, die
Brotwürfel darin goldbraun
rösten.

4. Die Brotwürfel auf 4 Suppenteller verteilen und die
Suppe darüber gießen.

ĆEVAPČIĆI MIT KRAUTSALAT

Zutaten für 4 Personen:
Für den Salat:
500 g Weißkohl
Salz
1 mittelgroße rote Paprikaschote
1 Bund Frühlingszwiebeln
4 Eßl. Essig
weißer Pfeffer, frisch gemahlen
1 Prise Zucker
2 Teel. Kümmel
6 Eßl. Öl
Für die Ćevapčići:
500 g gemischtes Hackfleisch
125 g Zwiebeln
Salz
weißer Pfeffer, frisch gemahlen
1 Teel. Paprikapulver, rosenscharf
1 Teel. Paprikapulver, edelsüß
Für die Grillspieße: Öl
Grillspieße
1 Alu-Grillpfanne

PREISWERT

Pro Portion etwa:
2000 kJ/480 kcal
27 g Eiweiß · 37 g Fett
10 g Kohlenhydrate

Zubereitungszeit: etwa
1 1/2 Stunden

1. Den Kohl in feine Streifen
schneiden, salzen und mit der
geballten Faust etwa 5 Minuten stampfen. Den Kohl etwa
20 Minuten ruhen lassen.

2. Inzwischen das Hackfleisch in eine Schüssel geben.
Die Zwiebeln schälen, sehr
fein würfeln, mit Salz, Pfeffer
und den beiden Paprikapul-
vern zum Fleisch geben. Alles
gründlich zu einem glatten
Teig verkneten.

3. Aus dem Teig ovale Fleisch-
röllchen formen. Die Hackröll-
chen auf die leicht geölten
Grillspieße stecken. Die Spieße
in eine Alu-Grillpfanne legen
und zugedeckt kühl stellen.

4. Die Paprikaschote vierteln, von dem Stielansatz, den
Kernen und den weißen Trennwänden befreien, waschen,
trockentupfen und würfeln.
Die Frühlingszwiebeln putzen,
waschen und ohne das dunkle
Grün in feine Ringe schneiden.

5. Den Essig mit Salz, Pfeffer,
dem Zucker und dem Kümmel
verrühren. Das Öl nach und
nach darunterschlagen. Die
Marinade mit Paprika, Zwiebeln und Kohl mischen.

6. Die Spieße rundum
12–15 Minuten grillen, dabei
öfter mit dem Öl bestreichen.
Mit dem Salat servieren.

REISNUDELN MIT HACKFLEISCH

Zutaten für 4 Personen:
300 g Reisnudeln (2–3 cm breit)
2 mittelgroße Zwiebeln
2 Tomaten
2 Knoblauchzehen
1 Bund Schnittlauch
6 Eßl. Öl
2 Eßl. dunkle Sojasauce
400 g gemischtes Hackfleisch
3 Eßl. Fischsauce
2 Eßl. Wein- oder Reisessig
2 Eßl. Zucker · 1 Eßl. Speisestärke
schwarzer Pfeffer, frisch gemahlen

PREISWERT

Pro Portion etwa:
3000 kJ/710 kcal
32 g Eiweiß · 37 g Fett
66 g Kohlenhydrate

Zubereitungszeit: etwa
40 Minuten

1. Die Nudeln in kochendem Wasser etwa 3 Minuten garen. Abgießen, mit kaltem Wasser kurz abspülen und gründlich abtropfen lassen.

2. Die Zwiebeln schälen, die Tomaten waschen und von den Stielansätzen befreien. Beides in grobe Würfel schneiden. Den Knoblauch schälen und fein hacken. Den Schnittlauch waschen und in feine Röllchen schneiden.

3. 3 Eßlöffel Öl in einer großen Pfanne erhitzen und die Reisnudeln mit der Sojasauce darin etwa 1 Minute unter Rühren bei starker Hitze braten. Auf 4 Teller verteilen und warm stellen.

4. Das restliche Öl in der Pfanne erhitzen. Den Knoblauch darin goldgelb braten. Das Hackfleisch und die Zwiebeln hinzugeben und etwa 2 Minuten bei mittlerer Hitze braten. Die Tomaten, die Fischsauce, den Essig, den Zucker und etwa 1/4 l Wasser hinzugeben, 1 Minute kochen.

5. Die Speisestärke mit wenig Wasser anrühren und unter die Sauce mischen, sie soll leicht dickflüssig werden. Die Sauce über die warmgestellten Nudeln gießen, mit Pfeffer und den Schnittlauchröllchen bestreuen.

GLASNUDEL-SALAT MIT FLEISCH UND GARNELEN

Zutaten für 4 Personen:
1 mittelgroße Zwiebel
1 Bund Schnittlauch
1 Stengel frischer Koriander
5 getrocknete Mu-Err-Pilze
5 frische thailändische Chilischoten
3 Eßl. Fischsauce
3 Eßl. Zitronensaft
1 Eßl. Zucker
100 g Glasnudeln
100 g gemischtes Hackfleisch
100 g größere Garnelen
(frisch oder tiefgefroren)

GELINGT LEICHT

Pro Portion etwa:
640 kJ/150 kcal
11 g Eiweiß · 6 g Fett
15 g Kohlenhydrate

Zubereitungszeit: etwa
50 Minuten

1. Die Zwiebel schälen und in dünne Ringe schneiden, diese noch einmal halbieren. Den Schnittlauch und den Koriander waschen und grob hacken.

2. Die Mu-Err-Pilze mit heißem Wasser übergießen und etwa 20 Minuten quellen lassen. Das Wasser abgießen und die Pilze kleinschneiden.

3. Die Chillies waschen, entstielen und in feine Ringe schneiden. Mit der Fischsauce, dem Zitronensaft und dem Zucker in eine Salatschüssel geben und so lange verrühren, bis sich der Zucker restlos aufgelöst hat.

4. Die Glasnudeln mit warmem Wasser bedecken und etwa 10 Minuten einweichen, dann in kochendem Wasser 1/2 Minute blanchieren. Abschrecken und gut abtropfen lassen. Mit einer Küchenschere einige Male durchschneiden. Die Garnelen eventuell noch schälen und putzen.

5. Den Boden eines mittelgroßen Topfes mit Wasser bedecken und dieses aufkochen lassen. Das Hackfleisch und die Garnelen hinzugeben und etwa 1 Minute kochen lassen. Dann gut abtropfen lassen.

6. Alle Zutaten in die Salatschüssel geben und sorgfältig mischen. Eventuell noch mit Zitronensaft, Fischsauce und Zucker abschmecken.

SPINAT MIT HACKFLEISCH UND JOGHURT

Ein Eintopfgericht für heiße Sommertage.

Zutaten für 4 Personen:
1 kg Spinat
2 mittelgroße Zwiebeln
40 g Butter
200 g Hackfleisch vom Rind
60 g Patnareis
Salz · Pfeffer, frisch gemahlen
1/2 Teel. Paprikapulver, edelsüß
300 g säuerlicher Joghurt

PREISWERT

Pro Portion etwa:
1200 kJ/290 kcal
19 g Eiweiß · 16 g Fett
16 g Kohlenhydrate

Zubereitungszeit: etwa
1 1/4 Stunden

1. Den Spinat verlesen und waschen, abtropfen lassen und grob hacken. Die Zwiebeln schälen und fein würfeln.

2. Die Butter in einem großen Topf zerlassen, und die Zwiebeln darin glasig dünsten. Das Hackfleisch dazugeben, mit dem Kochlöffel fein zerkleinern, etwa 5 Minuten anbraten. Dann den Spinat unterrühren, 1/4 l Wasser dazugießen und das Gemüse bei mittlerer Hitze zusammenfallen lassen. Den Reis dazugeben, das Gericht mit Salz, Pfeffer und dem Paprikapulver abschmecken. Die Hitze reduzieren und alles in etwa 30 Minuten garen. Eventuell Wasser zufügen.

3. Den Joghurt in einer Kaffeefiltertüte etwa 15 Minuten abtropfen lassen. Dann in eine Schüssel geben und glattrühren. Den Spinat anrichten und den Joghurt dazu reichen.

GEFÜLLTE AUBERGINEN

Zutaten für 4 Personen:
4 mittelgroße Auberginen
6 Eßl. Olivenöl, kaltgepreßt
2 mittelgroße Zwiebeln
4 mittelgroße Tomaten
250 g Hackfleisch vom Rind
1 Eßl. Tomatenmark
1 Bund glatte Petersilie
Salz
Pfeffer, frisch gemahlen
1 Prise Zucker
2 milde oder scharfe Peperoni

BRAUCHT ETWAS ZEIT

Pro Portion etwa:
1400 kJ/330 kcal
19 g Eiweiß · 22 g Fett
17 g Kohlenhydrate

Zubereitungszeit: etwa
1 1/2 Stunden

1. Die Auberginen waschen, am Stielansatz rundum abschälen, den Stiel nicht entfernen. Von den Auberginen im Abstand von 1 cm längs je 1 cm breite Streifen abschälen.

2. 5 Eßlöffel Öl in einer Pfanne erhitzen und die Auberginen darin rundherum anbraten. In eine Auflaufform legen. In jede Aubergine oben einen tiefen Schlitz schneiden.

3. Die Zwiebeln schälen und würfeln. 3 Tomaten kochendheiß überbrühen, häuten, von den Stielansätzen befreien und das Fruchtfleisch in Würfel schneiden.

4. Das restliche Öl in einer Pfanne erhitzen, das Hackfleisch darin anbraten. Die Zwiebeln, die Tomaten und das Tomatenmark hinzufügen und anschmoren. Die Pfanne von der Kochstelle nehmen.

5. Den Backofen auf 180° vorheizen. Die Petersilie waschen, trockenschütteln und fein hacken. Zum Hackfleisch geben. Alles mit Salz, Pfeffer und dem Zucker abschmecken. Die Masse in die Auberginentaschen füllen. Die Peperoni waschen, die Stiele entfernen und die Schoten längs halbieren. Die restliche Tomate waschen und in Scheiben schneiden. Auf jede Aubergine eine Peperonihälfte und 1–2 Tomatenscheiben legen. 1/8 l warmes Wasser angießen. Die Auberginen offen im Backofen (Mitte) etwa 30 Minuten backen. Heiß servieren.

Im Bild oben:
Gefüllte
Auberginen
Im Bild unten:
Spinat mit
Hackfleisch
und Joghurt

48

INTER-
NATIONAL

SMYRNA-WÜRSTCHEN

Dieses Gericht stammt aus der ehemals stark griechisch geprägten Stadt Smyrna, dem heutigen türkischen Izmir. Beim Völkeraustausch 1924 brachten umgesiedelte Griechen ihr Rezept ins Mutterland.

Zutaten für 4 Personen:
700 g Hackfleisch (möglichst zweimal durchgedreht)
2 Scheiben altbackenes Weißbrot
1 Ei
1 mittelgroße Zwiebel
2 Knoblauchzehen
1 Bund glatte Petersilie
Salz
Pfeffer, frisch gemahlen
1 Teel. gemahlener Kreuzkümmel
Mehl
6 Eßl. Olivenöl
5 mittelgroße Tomaten
(etwa 600 g)
1/8 l Weißwein
1 Prise Zucker

RAFFINIERT

Pro Portion etwa:
3200 kJ/760 kcal
47 g Eiweiß · 52 g Fett
25 g Kohlenhydrate

Zubereitungszeit: etwa
1 1/4 Stunden

1. Das Hackfleisch in eine Schüssel geben. Das Weißbrot entrinden und kurz in warmem Wasser einweichen, gut ausdrücken und mit dem Ei zum Fleisch geben. Die Zwiebel schälen und fein auf das Fleisch reiben. Die Knoblauchzehen schälen und durch die Knoblauchpresse dazudrücken. Die Petersilie fein hacken und ebenfalls in die Schüssel

geben. Alles mit Salz, Pfeffer und dem Kreuzkümmel herzhaft würzen und zu einem geschmeidigen Teig verkneten.

2. Mit angefeuchteten Händen aus dem Fleisch etwa 24 kleine Würstchen formen.

3. 2–3 Eßlöffel Mehl auf einen Teller sieben. Die gewaschenen, gut abgetrockneten Hände leicht auf das Mehl drücken, und die Würstchen zwischen den bemehlten Händen nochmals kurz rollen.

4. In einer Pfanne die Hälfte des Olivenöls erhitzen und die Würstchen von allen Seiten darin hellbraun anbraten. Nebeneinander in eine feuerfeste Form legen.

5. Die Tomaten häuten, halbieren, dabei die Stielansätze und die Kerne entfernen, die Tomaten fein hacken. Den Backofen auf 180° vorheizen.

6. Das restliche Olivenöl in der Pfanne erhitzen und die Tomaten darin durchschmoren. Mit dem Weißwein aufgießen, aufkochen, mit dem Zucker und mit 1/4 Teelöffel Salz abschmecken.

7. Die Sauce über die Würstchen in der Form gießen. Im Backofen (Mitte) in etwa 25 Minuten fertigbacken. Dazu passen Reis oder frisches Weißbrot und ein Retsina.

CHILI CON CARNE

Toll für die Party, weil es sich gut vorbereiten läßt.

Zutaten für 8 Personen:
500 g Tomaten
4 grüne Paprikaschoten
2 große Dosen Kidney-Bohnen
(Abtropfgewicht je 800 g)
4 Knoblauchzehen
500 g Zwiebeln
2 Eßl. neutrales Pflanzenöl
500 g gemischtes Hackfleisch
500 g Tatar
2 Teel. Salz
1 Teel. Kümmel
1 Teel. Chilipulver
1 große Dose Tomatenmark (140 g)
1/2 l Fleischbrühe (Instant)
2 Eßl. Speisestärke
2 Eßl. gehackte Petersilie

SPEZIALITÄT AUS MEXIKO

Pro Portion etwa:
2700 kJ/640 kcal
49 g Eiweiß · 18 g Fett
66 g Kohlenhydrate

Zubereitungszeit: etwa
25 Minuten

1. Tomaten gründlich waschen und auf einem Schneidebrett mit einem scharfen Messer oder Tomatenmesser in große Würfel schneiden. Stielansätze dabei entfernen. Ist die Haut der Tomaten sehr fest, Tomaten zuerst mit kochendheißem Wasser überbrühen und dann die Haut abziehen.

2. Paprikaschoten vierteln, Stielansätze, Trennwände und Kerne entfernen, Paprika waschen und ebenfalls grob würfeln. Die Bohnen aus der Dose in ein Sieb geben und abtropfen lassen. Knoblauchzehen häuten. Zwiebeln schälen und in Scheiben schneiden.

3. Öl in einem Topf erhitzen, Zwiebelscheiben darin bei starker Hitze andünsten, das Hackfleisch und Tatar dazugeben und unter Rühren krümelig anbraten.

4. Knoblauch durch eine Knoblauchpresse dazudrükken, alles mit Salz, Kümmel und Chilipulver würzen. Tomatenmark hinzufügen, mit Brühe auffüllen und zum Kochen bringen. Dann Tomaten und Paprikaschoten zum Fleisch geben. Das Ganze nochmals würzen und etwa 5 Minuten bei mittlerer Hitze garen. Die Bohnen dazugeben und etwa 5 Minuten mit erwärmen. Die Speisestärke mit 4 Eßlöffeln Wasser verrühren und das Chili con carne damit binden. Aufkochen lassen, abschmecken, nach Belieben nachwürzen. Mit der gehackten Petersilie bestreuen.

Variante:
Das Chili nur mit einer Dose Bohnen zubereiten, dafür je 400 g Karotten und Staudensellerie waschen, putzen und in Würfel schneiden. Mit den Paprikawürfeln, wie im Rezept beschrieben, in den Topf geben. Statt mit Kümmel mit Kreuzkümmel würzen und zur Brühe 1/4 Liter Rotwein geben, den Sie in etwa 20 Minuten einkochen lassen, so daß Sie auf die Speisestärke zum Eindicken verzichten können.

MUSAKÁ MIT AUBERGINEN

Musaká – das ist *das* griechische Gericht! Es schmeckt übrigens auch mit Zucchini oder Kartoffeln statt der Auberginen phantastisch.

Zutaten für 4 Personen:
800 g Auberginen
Salz · 2 Zwiebeln
3 Fleischtomaten
1/4 l Olivenöl
600 g Rinderhackfleisch
1/4 l trockener Weißwein
Pfeffer, frisch gemahlen
1 Prise Zucker
1/2 Teel. Zimtpulver
1 Eßl. frisch gehackter Oregano
(oder 1 Teel. getrockneter Oregano)
1 Bund glatte Petersilie, gehackt
100 g Semmelbrösel
100 g Kefalotiri-Käse oder
Parmesan, frisch gerieben
40 g Butter · 4 Eßl. Mehl
3/4 l Milch
Muskatnuß, frisch gerieben
Zitronensaft
3 Eier
Butter für die Form

BRAUCHT ETWAS ZEIT

Pro Portion etwa:
6400 kJ/1500 kcal
64 g Eiweiß · 110 g Fett
54 g Kohlenhydrate

Zubereitungszeit: etwa
3 Stunden

1. Die Auberginen abspülen. Die Stielansätze entfernen, die Auberginen in etwa 1/2 cm dikke Längsscheiben schneiden. In Salzwasser 20 Minuten ziehen lassen. Herausnehmen und zwischen Küchenpapier legen. Die Zwiebeln fein würfeln. Die Tomaten häuten, von den Stielansätzen befreien und klein würfeln.

2. Etwas Olivenöl erhitzen, die Auberginen anbraten. Auf Küchenpapier entfetten. Dann die Zwiebeln und das Hackfleisch anbraten, die Tomaten, den Weißwein, die Gewürze und die gehackte Petersilie dazugeben. Zugedeckt etwa 20 Minuten garen. Die Brösel, bis auf 2 Eßlöffel, und die Hälfte vom Käse untermischen.

3. Die Butter erhitzen, das Mehl einrühren und anschwitzen. Die Milch einrühren und aufkochen, dann etwa 10 Minuten unter Rühren köcheln. Mit Salz, Pfeffer, Muskat und Zitronensaft würzen. 2 Eier mit dem restlichen Käse in die Sauce rühren. Eine feuerfeste Form fetten, mit den übrigen Semmelbröseln ausstreuen.

4. Den Backofen auf 180° vorheizen. Das restliche Ei unter die Hackfleischmasse rühren. Die Form mit der Hälfte der Auberginen auslegen, das Hackfleisch darauf streichen, mit den restlichen Auberginen belegen und mit der Sauce begießen. Im Backofen (Mitte) in etwa 1 Stunde fertigbacken.

LASAGNE MIT HACKFLEISCH

Zutaten für 8 Personen:
4 Eßl. neutrales Pflanzenöl
400 g gemischtes Hackfleisch
1 Teel. getrockneter Thymian
Salz
weißer Pfeffer, frisch gemahlen
2 große Dosen Tomaten (Abtropfgewicht je 480 g)
20 g Margarine · 40 g Mehl
1/2 l Weißwein
300 g Gouda oder Emmentaler
500 g Lasagne-Blätter (ohne
Vorkochen)
Für die Form: Butter

SPEZIALITÄT AUS ITALIEN

Pro Portion etwa:
2700 kJ/640 kcal
30 g Eiweiß · 29 g Fett
54 g Kohlenhydrate

Zubereitungszeit: etwa
20 Minuten
Backzeit: etwa
40 Minuten

1. In einem Topf Öl erhitzen und das Hackfleisch darin unter Rühren bei mittlerer Hitze krümelig anbraten. Dann Thymian, Salz, Pfeffer und Dosentomaten mit dem Saft hinzufügen und in 15–20 Minuten offen bei schwacher Hitze dick einkochen lassen.

2. Margarine in einem Topf zerlassen, Mehl dazugeben und bei mittlerer Hitze unter Rühren darin anschwitzen. Sobald die Mehlschwitze Blasen wirft, langsam mit dem Wein auffüllen und etwa 2 Minuten bei schwacher Hitze köcheln lassen, mit Salz würzen. Den Käse reiben.

3. Eine große Auflaufform einfetten. Zunächst etwas helle Sauce einfüllen. Dann abwechselnd je 3 Lasagne-Blätter nebeneinander, ein paar Eßlöffel Hackfleischsauce und dann etwas helle Sauce einschichten und jeweils mit etwas Käse bestreuen. Den Vorgang wiederholen, bis die Lasagne-Blätter und Saucen verbraucht sind. Die letzte Nudelschicht soll mit heller Sauce und Käse bedeckt sein.

4. Die Lasagne in den kalten Backofen schieben und dann bei 200° (Mitte, Umluft 180°) etwa 40 Minuten backen.

FLEISCH-KLÖSSE TÄBRIS

Zutaten für 4–6 Personen:
6 Eier · 150 g rote Linsen
4 Zwiebeln · 1 Teel. Safranpulver
500 g Rinderhackfleisch
80 g Reismehl
1/2 Bund Bohnenkraut
schwarzer Pfeffer, frisch gemahlen
Salz · 3 Eßl. Olivenöl
2 Knoblauchzehen
1 Teel. Kurkuma
1 Eßl. Tomatenmark
1/2 l Tomatensaft
2 Eßl. Zitronensaft
4 Backpflaumen
4 Walnußhälften
2 getrocknete Aprikosen

RAFFINIERT

Bei 6 Personen pro Portion etwa:
2065 kJ/495 kcal
35 g Eiweiß · 23 g Fett
39 g Kohlenhydrate

Zubereitungszeit: etwa
2 Stunden

1. 4 Eier hart kochen. Die Linsen bei schwacher Hitze in einem Topf mit etwa 1/2 l Wasser etwa 10 Minuten garen, abtropfen lassen.

2. Die übrigen Eier aufschlagen. 1 Zwiebel schälen und dazureiben. Den Safran in 2 Eßlöffeln heißem Wasser auflösen und mit dem Hackfleisch, den Linsen und dem Reismehl dazugeben. Das Bohnenkraut fein hacken und untermischen. Die Masse pfeffern, salzen und etwa 10 Minuten durchkneten.

3. Die restlichen 3 Zwiebeln schälen und fein hacken. Das Olivenöl erhitzen und die Zwiebeln dazugeben. Die Knoblauchzehen schälen, dazudrücken, die Kurkuma und das Tomatenmark unterrühren und alles etwa 10 Minuten bei mittlerer Hitze anbräunen. Mit Tomaten- und dem Zitronensaft ablöschen.

4. Den Backofen auf 180° vorheizen. Die Fleischmasse in vier Portionen teilen und zu Kugeln formen. An einer Stelle eindrücken und jeweils 1 geschältes hartgekochtes Ei, 2 Pflaumenhälften, 1 Walnußhälfte und 1 Aprikosenhälfte hineingeben. Die Klöße verschließen und in eine feuerfeste Form geben.

5. Die Hackfleischklöße mit dem Tomatensud übergießen und im Ofen (Mitte; Umluft 160°) etwa 1 Stunde garen. Dabei mehrmals wenden und mit dem Sud begießen.

JOGHURT-SUPPE MIT LINSEN

Zutaten für 4–6 Personen:
100 g Kichererbsen
2 Zwiebeln
100 g Rinderhackfleisch
Salz
schwarzer Pfeffer, frisch gemahlen
6 Eßl. Olivenöl
1/2 Teel. Kurkuma
100 g rote Linsen
50 g Reis
1 Bund glatte Petersilie
1 Bund Schnittlauch
1 Bund frischer Koriander
1/2 Bund Dill
4 Zweige Estragon
einige grüne Minzeblätter
2 Knoblauchzehen
400 g Joghurt
150 g saure Sahne oder Schmant

BRAUCHT ETWAS ZEIT FÜR GÄSTE

Bei 6 Personen pro Portion etwa:
1465 kJ/345 kcal
15 g Eiweiß · 12 g Fett
29 g Kohlenhydrate

Zubereitungszeit: etwa
2 1/2 Stunden
Quellzeit: etwa
6 Stunden

1. Die Kichererbsen etwa 6 Stunden in reichlich Wasser einweichen. In ein Sieb abgießen und abtropfen lassen.

2. Die Zwiebeln schälen und fein hacken. Das Hackfleisch in eine Schüssel geben und mit der Hälfte der Zwiebeln vermengen. Gründlich salzen und pfeffern. Aus der Masse walnußgroße Bällchen formen und beiseite legen.

3. In einem großen Topf 4 Eßlöffel Olivenöl erhitzen. Die restlichen Zwiebelstücke darin bei schwacher Hitze in etwa 6 Minuten goldbraun dünsten. Salzen, pfeffern und 1/4 Teelöffel Kurkuma hinzugeben. Etwa 1 1/2 l Wasser eingießen, die Kichererbsen hinzugeben, alles zum Kochen bringen und bei mittlerer Hitze zugedeckt etwa 30 Minuten köcheln lassen.

4. Inzwischen die Linsen verlesen und waschen. Mit dem Reis und den Hackfleischbällchen in die Suppe geben und diese zugedeckt weitere 20 Minuten köcheln lassen.

5. In der Zwischenzeit alle Kräuter (außer der Minze) gründlich waschen, trockenschütteln, von groben Stielen befreien, hacken und in die Suppe rühren. Bei schwacher Hitze noch etwa 1 1/4 Stunden garen. Dabei gelegentlich umrühren und eventuell heißes Wasser nachgießen.

6. Nach etwa 1 Stunde die Knoblauchzehen schälen und fein hacken. In einem Topf das restliche Olivenöl erhitzen. Den Knoblauch darin mit der übrigen Kurkuma bräunen. Die Minzeblätter fein hacken und dazugeben. Diese Garnitur warm stellen.

7. Den Joghurt in eine Schüssel geben, und 3 Eßlöffel heiße Suppe unterrühren. Das Gemisch dann langsam unter Rühren zur restlichen Suppe geben, und den Topf vom Herd nehmen. Die Suppe darf nicht mehr kochen.

8. Die Suppe in Schalen gießen und jeweils 1 Eßlöffel saure Sahne oder Schmant darauf geben. Dann die Minze-Knoblauch-Garnitur darauf setzen.
Dazu paßt Fladenbrot.

ZUCCHINIRING MIT HACKFLEISCHFÜLLUNG

Zutaten für 4–6 Personen:
Für den Zucchiniring:
1/2 l Gemüsebrühe
100 g Grieß
400 g Zucchini
2 Eßl. Butter
Salz
schwarzer Pfeffer, frisch gemahlen
1 Zwiebel
250 g Champignons
4 Eßl. Crème fraîche
4 Eier
50 g Brennesselgouda,
frisch gerieben
Muskatnuß, frisch gerieben
1/2 Teel. frischer Oregano
(oder 1/4 Teel. getrockneter)
2 Bund Schnittlauch
Fett für die Form
Für die Füllung:
1 große Zwiebel
1 Eßl. Öl
400 g gemischtes Hackfleisch
2 Knoblauchzehen
3/8 l Tomatensaft
2 Eßl. Tomatenmark
1 Lorbeerblatt
1/2 Teel. frischer Oregano
(oder 1/4 Teel. getrockneter)
Salz
schwarzer Pfeffer, frisch gemahlen

BRAUCHT ETWAS ZEIT

Bei 6 Personen pro Portion etwa:
1900 kJ/450 kcal
26 g Eiweiß · 30 g Fett
18 g Kohlenhydrate

Zubereitungszeit: etwa
1 3/4 Stunden

1. Für den Zucchiniring die Gemüsebrühe aufkochen, den Grieß einrühren und etwa 10 Minuten köcheln, dabei immer wieder umrühren. Dann abkühlen lassen.

2. Inzwischen die Zucchini von den Stielansätzen befreien, waschen und auf der Gemüsereibe grob raspeln. 1 Eßlöffel Butter in einer Pfanne erhitzen und die Zucchini darin etwa 10 Minuten dünsten. Salzen, pfeffern und herausnehmen, noch vorhandene Flüssigkeit abgießen.

3. Inzwischen die Zwiebel schälen und fein hacken. Die restliche Butter erhitzen, die Zwiebel darin glasig braten.

4. Die Champignons waschen, putzen und fein hacken. Mit der Zwiebel dünsten, bis alle Flüssigkeit verdampft ist, salzen und pfeffern.

5. Den Backofen auf 180° vorheizen. Eine Ringform von 1 1/2 l Inhalt fetten.

6. Den abgekühlten Grieß in eine große Schüssel geben, die Crème fraîche, die Eier und den Käse unterrühren, die Zucchini und die Pilze dazugeben. Alles mit Salz, Pfeffer, Muskat und dem Oregano abschmecken. Den Schnittlauch waschen, trockenschütteln, in Röllchen schneiden und unter die Masse mengen.

7. Die Grieß-Zucchini-Masse in die Form füllen und mit Alufolie abdecken. Die Ringform in ein entsprechend großes Wasserbadgefäß stellen und dieses zu zwei Dritteln mit kochendem Wasser auffüllen. Im Backofen (Mitte) etwa 1 Stunde gar ziehen lassen.

8. Inzwischen für die Füllung die Zwiebel schälen und hacken. Das Öl erhitzen und die Zwiebel darin glasig braten. Das Hackfleisch krümelig braten. Den Knoblauch schälen und dazupressen, den Tomatensaft und das -mark dazugeben und bei mittlerer Hitze cremig einkochen. Mit dem Lorbeerblatt, dem Oregano, Salz und Pfeffer würzen. Vor dem Servieren das Lorbeerblatt entfernen.

9. Den Rand der Form vom Zucchiniring lösen, den Zucchiniring auf eine Platte stürzen und das Hackfleisch in die Mitte geben.

Im Ring ver-
stecken sich
Zucchini,
Champignons,
Käse und
Schnittlauch.
Sollte etwas
übrigbleiben,
schmeckt er
auch kalt mit
einer Kräuter-
sauce.

54

MIT
GEMÜSE
UND REIS

KOHL-ROULADEN MIT BUTTERPILZEN

Zutaten für 4 Personen:
400 g Butterpilze
8 große Weißkohlblätter (von einem großen Kohlkopf)
Salz · 1 Zwiebel
3 Eßl. Sonnenblumenöl
200 g Rinderhackfleisch
schwarzer Pfeffer, frisch gemahlen
1 Ei · 1/2 l Gemüsebrühe
2 Teel. Speisestärke
1 Teel. gemahlener Kümmel
10 g getrocknete Steinpilze
100 g Sahne
3 Zweige frischer Majoran (oder 2 Teel. getrockneter)
Außerdem: Küchengarn

BRAUCHT ETWAS ZEIT

Pro Portion etwa:
1400 kJ/330 kcal
17 g Eiweiß · 25 g Fett
5 g Kohlenhydrate

Zubereitungszeit: etwa
1 Stunde 20 Minuten

1. Die Butterpilze putzen, dabei die klebrige Huthaut abziehen. Die Pilze waschen, trockentupfen und hacken. Von den Weißkohlblättern die dicke Mittelrippe flach schneiden; die Blätter in sprudelnd kochendem Salzwasser etwa 5 Minuten blanchieren. Abgießen und abtropfen lassen.

2. Die Zwiebel schälen und fein hacken. Das Öl in einer Pfanne erhitzen, die Zwiebel darin glasig werden lassen.

Das Rinderhackfleisch darin unter Rühren anbraten, die gehackten Butterpilze dazugeben. Die Flüssigkeit einkochen lassen und mit Pfeffer und Salz würzen. Das Ei unter die leicht abgekühlte Füllung rühren. Den Backofen auf 180° (Umluft 160° vorheizen.

3. Jeweils 2 Weißkohlblätter übereinanderlegen und mit jeweils einem Viertel der Pilz-Fleisch-Masse füllen. Die Kohlblätter fest einrollen und mit Küchengarn umwickeln.

4. Die Rollen in eine feuerfeste Form legen, die Gemüsebrühe erhitzen und angießen. Die Form in den Backofen (Mitte; Gas Stufe 2) stellen und etwa 40 Minuten garen.

5. Die Kohlrouladen herausnehmen und warm halten. Die Brühe in einen Topf gießen und aufkochen. Die Speisestärke in etwas kaltem Wasser anrühren, dazugeben und etwa 3 Minuten kochen lassen.

6. Die getrockneten Steinpilze in einem Sieb kalt waschen, mit dem Kümmel in die Sauce geben und etwa 5 Minuten mitkochen. Die Sahne einrühren. Die Majoranblättchen hacken und zur Sauce geben.

7. Die Pilzrouladen mit der Sauce servieren.

KATALANISCHE REISPFANNE

Zutaten für 2 Personen:
2 Zwiebeln
150 g Langkornreis
1/2 Bund Petersilie
1/2 l Fleischbrühe (Instant)
2 Eßl. neutrales Pflanzenöl
200 g gemischtes Hackfleisch
100 g Tatar · Salz
schwarzer Pfeffer, frisch gemahlen
1/2 Teel. Paprikapulver, edelsüß
1 kleine Dose Tomaten (40 g)

PREISWERT

Pro Portion etwa:
2600 kJ/620 kcal
38 g Eiweiß · 24 g Fett
63 g Kohlenhydrate

Zubereitungszeit: etwa
40 Minuten

1. Zwiebeln schälen und fein würfeln. Reis in einem Sieb waschen. Petersilie waschen, trockenschütteln, Blättchen abzupfen und fein hacken. Brühe erhitzen.

2. In einer großen Pfanne Öl erhitzen, Zwiebeln hineingeben, kurz andünsten, Hackfleisch und Tatar dazugeben und bei mittlerer Hitze unter Rühren anbraten, bis sich am Pfannenboden ein bräunlicher »Pelz« bildet. Heiße Fleischbrühe dazugießen und alles mit Salz, Pfeffer und Paprika würzen. Reis mit dem Tomatenmark dazugeben und bei schwacher Hitze etwa 25 Minuten quellen lassen. Die Reispfanne noch einmal würzen, mit Petersilie bestreuen und servieren.

GEFÜLLTE PAPRIKA-SCHOTEN

Zutaten für 4 Personen:
3 Eßl. Olivenöl, kaltgepreßt
150 g Schweinehackfleisch
150 g Rinderhackfleisch
200 ml Milch
1 Brötchen
1 Zwiebel
1 Knoblauchzehe
Salz
schwarzer Pfeffer, frisch gemahlen
4 kleine Paprikaschoten
200 ml Sherry

BRAUCHT ETWAS ZEIT

Pro Portion etwa:
1100 kJ/260 kcal
21 g Eiweiß · 11 g Fett
17 g Kohlenhydrate

Zubereitungszeit: etwa
1 Stunde 20 Minuten

1. In einer Pfanne 2 Eßlöffel von dem Olivenöl erhitzen. Das Hackfleisch darin bei schwacher Hitze etwa 5 Minuten braten.

2. In einem Topf die Milch erwärmen. Das Brötchen in Stücke schneiden und mit der lauwarmen Milch begießen. Sobald es aufgeweicht ist, das Brötchen gut ausdrücken und durch ein Sieb streichen. Die Zwiebel schälen, hacken, zum Fleisch geben und kurz mitbraten. Das Brot untermischen. Die Knoblauchzehe schälen und fein hacken. Die Masse mit dem Knoblauch, Salz und Pfeffer würzen. Den Backofen auf 200° vorheizen.

3. Die Paprikaschoten waschen, putzen und die Deckel abschneiden. Den Stielansatz dabei ganz lassen. Eine feuerfeste Form mit etwas Olivenöl ausstreichen. Die Paprikaschoten mit der Masse füllen und hineinsetzen. Ringsum das restliche Öl verteilen und die Deckel wieder aufsetzen. Im Backofen (Mitte) etwa 45 Minuten braten, bis die Haut der Schoten braune Flecken bekommt. Dabei immer wieder mit dem Bratensaft begießen.

4. Die Form aus dem Ofen nehmen, den Sherry zugießen und die gefüllten Paprikaschoten dann in weiterer 8 Minuten fertigbacken.

GRIECHISCHE PAPRIKA

Zutaten für 4 Personen:
4 grüne Paprikaschoten (je etwa 200 g)
Salz
100 g Langkornreis
100 g Schafkäse
2 kleine weiße Zwiebeln
1 Knoblauchzehe
1 Bund glatte Petersilie
350 g gemischtes Hackfleisch
1 Ei
1 Teel. Paprikapulver, rosenscharf
schwarzer Pfeffer, frisch gemahlen
4 Fleischtomaten (etwa 800 g)
60 g schwarze Oliven
1/8 l Gemüsebrühe
Für die Form: Olivenöl

GELINGT LEICHT

Pro Portion etwa:
2400 kJ/570 kcal
30 g Eiweiß · 34 g Fett
34 g Kohlenhydrate

Zubereitungszeit: etwa
1 1/2 Stunden

1. Die Paprikaschoten waschen, längs halbieren und putzen. In kochendem Salzwasser etwa 1 Minute blanchieren, abtropfen lassen.

2. Den Reis im kochenden Paprikawasser etwa 5 Minuten vorgaren, abtropfen lassen. Den Schafkäse würfeln. Die Zwiebeln und den Knoblauch schälen und fein hacken. Die Petersilie abbrausen, etwas davon beiseite legen, den Rest fein hacken. Das Hackfleisch mit der Petersilie, den Käsewürfeln, den Zwiebeln, dem Knoblauch und dem Ei verkneten. Mit Salz, dem Paprikapulver und Pfeffer kräftig würzen, in die Paprikaschoten füllen.

3. Den Backofen auf 200° vorheizen. Eine Auflaufform fetten. Die Tomaten häuten, von den Stielansätzen befreien, vierteln, entkernen, würfeln und mit den Oliven in der Form verteilen. Salzen und pfeffern, die Brühe angießen. Die Schoten in die Form setzen und zugedeckt im Backofen (Mitte, Gas Stufe 3, Umluft 180°) in etwa 40 Minuten schmoren, dann offen noch etwa 15 Minuten garen. Die übrige Petersilie aufstreuen.

GEFÜLLTE SCHÜHCHEN

Die »Schuhe« sind in diesem Fall Auberginen, aber auch Zucchini-Schühchen schmecken köstlich. Sie können die »Schühchen« auch gut in der Fettpfanne des Backofens zubereiten.

Zutaten für 4 Personen:
4 mittelgroße Auberginen
4 Eßl. Olivenöl
1 große Zwiebel
300 g Rinderhackfleisch
2 große Fleischtomaten
Salz
Pfeffer, frisch gemahlen
1 Bund glatte Petersilie
2 Eßl. Semmelbrösel
100 g Kefalotiri-Käse (oder Parmesan), frisch gerieben
50 g Butter
2 schwach gehäufte Eßl. Mehl
1/2 l Milch
Muskatnuß, frisch gerieben
2 Eßl. Zitronensaft
1 Ei
1 Eßl. Tomatenmark
Fett für die Form

**RAFFINIERT
PREISWERT**

Pro Portion etwa:
3500 kJ/830 kcal
38 g Eiweiß · 61 g Fett
35 g Kohlenhydrate

Zubereitungszeit: etwa
2 Stunden

1. Die Auberginen abspülen, abtrocknen und die Stiel- und Blütenansätze abschneiden.

2. Das Olivenöl in einer Pfanne erhitzen und die ganzen Auberginen von allen Seiten darin anbraten. Etwas abkühlen lassen, halbieren und mit einem Eßlöffel vorsichtig das Fruchtfleisch, bis auf einen Rand, herausschaben, kleinhacken und beiseite stellen.

3. Die Zwiebel schälen und fein würfeln. Mit dem Hackfleisch im verbliebenen Öl in der Pfanne anbraten. Das kleingehackte Auberginenfleisch dazugeben. Die Tomaten häuten und kleinschneiden, dabei die Stielansätze und Kerne entfernen. Die Tomaten zu den übrigen Zutaten geben. Alles etwa 5 Minuten gut durchschmoren. Mit Salz und Pfeffer abschmecken. Die Petersilie fein hacken und unter die Zutaten in der Pfanne mischen. Die Semmelbrösel und die Hälfte von dem Käse unterrühren.

4. Eine große feuerfeste Form ausfetten. Die ausgehöhlten Auberginenhälften hineinsetzen und mit der Hackfleischmischung füllen.

5. Für die Béchamelsauce die Butter in einem Topf erhitzen, das Mehl einrühren und anschwitzen lassen. Die Milch unter ständigem Rühren dazugießen und aufkochen lassen, dann etwa 10 Minuten bei schwacher Hitze eindicken. Immer wieder rühren, damit die Sauce nicht ansetzt.

6. Den Topf von der Kochstelle nehmen und die Sauce mit Salz, Pfeffer, Muskatnuß und dem Zitronensaft abschmecken. Das Ei in einer Tasse verquirlen und mit dem Schneebesen einrühren, den restlichen Käse ebenfalls in die Sauce rühren. Den Backofen auf 225° vorheizen.

7. Die Auberginenhälften dick mit der Béchamelsauce überziehen. Das Tomatenmark in 1 Tasse Wasser anrühren und um die Auberginen gießen.

8. Die Form in den Backofen (Mitte) stellen und das Gericht in 30–40 Minuten überbacken. Dazu paßt ein griechischer Rotwein.

Variante: Gefüllte Zucchinischühchen

Statt der Auberginen 4 große Zucchini etwa 10 Minuten in kochendem Salzwasser vorgaren, längs halbieren, die Stiel- und Blütenansätze entfernen, das Fruchtfleisch bis auf einen 1 cm dicken Rand ausschaben. Dann, wie im Rezept beschrieben, mit Hackfleisch füllen und überbacken.

Die »Auberginen-Schuhe« haben es in sich: eine köstliche Füllung aus Hackfleisch und griechischem Käse.

AUBERGINEN-RÖLLCHEN

Zutaten für 4 Personen:
3 dicke Auberginen
Salz
1/8 l Maiskeim- oder
Sonnenblumenöl zum Ausbacken
2 mittelgroße Zwiebeln
2 Knoblauchzehen
4 Eßl. Olivenöl
500 g mageres Rinderhackfleisch
2 Eßl. Tomatenmark
6 Eßl. Weißwein
Pfeffer, frisch gemahlen
1/2 Teel. getrockneter Oregano
1 Bund glatte Petersilie, gehackt
3 Eier
6 Eßl. Milch
100 g Kasséri-Käse (oder Gruyère)
Fett für die Form

RAFFINIERT

Pro Portion etwa:
4200 kJ/100 kcal
45 g Eiweiß · 84 g Fett
13 g Kohlenhydrate

Zubereitungszeit: etwa
2 Stunden

1. Die Auberginen waschen und putzen und in Längsscheiben schneiden. Etwa 20 Minuten in Salzwasser stehenlassen. Dann auf Küchenpapier trocknen.

2. Etwas Öl erhitzen und die Auberginen portionsweise von beiden Seiten darin braten.

3. Die Zwiebeln würfeln, die Knoblauchzehen dazudrükken. In dem Olivenöl andünsten, das Hackfleisch dazugeben und anbraten. Das Tomatenmark, 1/8 l Wasser, den Weißwein, Salz, Pfeffer, den Oregano und die gehackte Petersilie unterrühren und gut durchkochen.

4. Auf jede der Auberginenscheiben 1 Teelöffel von der Fleischmasse geben, zu Röllchen formen und in die gefettete Form legen. Die Eier mit der Milch verquirlen und darüber gießen. Den Käse darüber streuen. Im Backofen (Mitte) in etwa 25 Minuten überbacken.

ZUCCHINI-AUFLAUF

Zutaten für 4 Personen:
800 g Zucchini
1 Zwiebel
6 Eßl. Olivenöl
400 g Rinderhackfleisch
Saft von 1/2 Zitrone
Salz
Pfeffer, frisch gemahlen
1 Bund glatte Petersilie
1 Bund Dill
4 Eier
2 Eßl. Milch
100 g Kefalotiri-Käse (oder Parmesan), frisch gerieben
2 Eßl. Semmelbrösel
Fett für die Form

GELINGT LEICHT

Pro Portion etwa:
3100 kJ/740 kcal
45 g Eiweiß · 55 g Fett
17 g Kohlenhydrate

Zubereitungszeit: etwa
1 1/2 Stunden

1. Die Zucchini putzen und klein würfeln. Die Zwiebel fein reiben. In einer Pfanne oder einer Kasserolle mit Deckel das Olivenöl erhitzen, die Zwiebel und das Rinderhackfleisch darin anbraten. Den Zitronensaft und 1/2 Tasse Wasser dazugießen, salzen, pfeffern und offen etwa 10 Minuten köcheln. Dann die Zucchiniwürfel dazugeben. Zugedeckt etwa 15 Minuten schmoren.

2. Die Petersilie und den Dill fein hacken und unter die Zucchini-Hackfleisch-Mischung rühren.

3. Die Eier mit der Milch verquirlen, salzen, pfeffern, die Hälfte von dem Käse untermischen und alles mit der Zucchini-Hackfleisch-Mischung vermengen.

4. Eine feuerfeste Form ausfetten und mit Semmelbröseln ausstreuen. Die Zucchini-Hackfleisch-Mischung einfüllen und mit dem restlichen Käse und den übrigen Semmelbröseln bestreuen. Im Backofen (Mitte) bei 180° in etwa 30 Minuten backen.

KÜRBIS AFRIKANISCH

Das Gericht ist auch für ein Buffet gut geeignet, denn die heiße Kürbisschale hält das Essen stundenlang warm.

Zutaten für 6 Personen:
1 Kürbis (etwa 4 kg)
Salz
1 Bund glatte Petersilie
2 Knoblauchzehen
2 Eßl. Paprikapulver, edelsüß
1 Teel. Paprikapulver, rosenscharf
1/2 Teel. Kardamom, gemahlen
1 Prise Zimt, gemahlen
Saft und abgeriebene Schale von
1 unbehandelten Zitrone
400 g Hackfleisch, je zur Hälfte
von Lamm und Rind
200 g Langkornreis
1 Stange Lauch (etwa 150 g)
2 Zwiebeln (etwa 200 g)
2 Eßl. Olivenöl
schwarzer Pfeffer, frisch gemahlen
50 g Rosinen
30 g Mandeln, gehackt
1 getrocknete rote Chilischote
1/2 l Fleischbrühe
75 g Butter

FÜR GÄSTE RAFFINIERT

Pro Portion etwa:
2100 kJ/500 kcal
19 g Eiweiß · 30 g Fett
39 g Kohlenhydrate

Zubereitungszeit: etwa
2 1/2 Stunden
(davon etwa
1 1/2 Stunden Backzeit)

1. Vom Kürbis mit einem scharfen Messer einen Deckel abschneiden. Die Kerne und das wattige Fruchtfleisch mit einem Löffel entfernen, dann ringsherum 500 g festes Kürbisfleisch herausschneiden. Das ausgelöste Fleisch klein würfeln, die Höhlung kräftig salzen. Den Kürbis umgedreht abtropfen lassen.

2. Die Petersilie abbrausen, trockenschütteln, die Blätter von den Stengeln zupfen und fein hacken. In eine kleine Schüssel geben. Den Knoblauch schälen und durch die Presse dazudrücken. Zusammen mit beiden Sorten Paprikapulver, dem Kardamom, dem Zimt, der Zitronenschale und 2 Eßlöffeln Zitronensaft gut vermischen. Nach Geschmack salzen. Das Hackfleisch zerbröseln und mit der Gewürzmischung vermengen. Die Hackfleischmasse zugedeckt im Kühlschrank etwa 1 Stunde ziehen lassen.

3. Den Reis in viel kochendem Salzwasser etwa 10 Minuten vorgaren, dann abtropfen lassen und beiseite stellen.

4. Den Lauch waschen, putzen und das Weiße in feine Ringe schneiden, das Grüne beiseite legen. Die Zwiebeln abziehen und fein würfeln, in dem Olivenöl in einer Pfanne glasig dünsten. Zuerst die Kürbiswürfel, dann den Lauch hinzufügen und anbraten. Das Hackfleisch einrühren und unter Rühren gut bräunen. Kräftig salzen und pfeffern.

5. Den Reis, die Rosinen, die Mandeln (1 Eßlöffel vorher abnehmen!) und die fein zerbröselte Chilischote unter die Hackmasse mischen, mit dem übrigen Zitronensaft, Salz und Pfeffer abschmecken.

6. Den Backofen auf 200° vorheizen. Den Kürbis mit Küchenpapier trockentupfen und in eine feuerfeste Form setzen. Die Reismischung hineinfüllen. Die heiße Brühe darüber gießen, mit 50 g Butter in Flöckchen besetzen. Etwa 1 cm hoch Wasser in die Form gießen. Im Backofen (unten, Gas Stufe 3, Umluft 180°) 1 1/2–1 3/4 Stunden backen, bis die Kürbisschale blasig wird. Nach etwa 1 Stunde den Kürbisdeckel auflegen, nach etwa 1 1/2 Stunden Garzeit mit einem Messer prüfen, ob das Fruchtfleisch weich ist.

7. Den hellgrünen Teil der Lauchstange in feine Ringe schneiden, in der restlichen Butter andünsten. Die übrigen Mandeln hinzufügen und kurz mitrösten.

8. Den fertigen Kürbis in der natürlichen Schale servieren. Mit der Lauchmischung bestreuen. Die Füllung herauslöffeln, dabei jeweils etwas Kürbisfleisch mit herauslösen.

MIT
GEMÜSE
UND REIS

MITTER-NACHTSSUPPE

Zutaten für 8 Personen:
250 g Salami
500 g Gemüsezwiebeln
500 g grüne Paprikaschoten
2 Knoblauchzehen
2 Eßl. neutrales Pflanzenöl
500 g gemischtes Hackfleisch
1 große (140 g) und eine kleine
(40 g) Dose Tomatenmark
1/2 l Fleisch- oder Gemüsebrühe
(Instant)
1/2 l Rotwein
2 Dosen Kidney-Bohnen (Abtropfgewicht je 800 g)
Salz
2 Prisen Zucker
Chilipulver
Paprikapulver, edelsüß

GELINGT LEICHT

Pro Portion etwa:
3100 kJ/740 kcal
42 g Eiweiß · 27 g Fett
66 g Kohlenhydrate

Zubereitungszeit: etwa
30 Minuten

1. Salami in Würfel schnei-den. Zwiebeln schälen, ab-spülen, halbieren und in Schei-ben schneiden. Paprika put-zen, waschen und in Streifen schneiden. Knoblauchzehen häuten, fein würfeln.

2. Öl in einem Topf erhitzen. Das Hackfleisch darin bei star-ker Hitze unter Rühren krüme-lig anbraten. Salami, Gemüse-zwiebeln, Knoblauch und Pa-prikastreifen hinzufügen und kurz mitschmoren.

3. Das Tomatenmark un-terrühren, die Brühe und den Rotwein dazugießen, alles auf-kochen und 8–10 Minuten bei schwacher Hitze garen lassen. Die Bohnen in die Suppe geben und darin etwa 5 Minuten er-wärmen. Mitternachtssuppe mit Salz, Zucker, Chili- und Pa-prikapulver abschmecken. Dazu schmeckt Baguette.

KANONEN-KUGELN

Zutaten für 40–50 Stücke:
1 Zucchino
1 Möhre
1 kleine Stange Lauch
1 Bund Petersilie
400 g Hackfleisch
2 Eier
100 g Magerquark
Salz
schwarzer Pfeffer, frisch gemahlen
70 g weiße Sesamsamen
Für das Backblech: 4 Eßl. Öl

FINGERFOOD

Bei 50 Stücken pro Stück etwa:
170 kJ/40 kcal
3 g Eiweiß · 3 g Fett
0 g Kohlenhydrate

Zubereitungszeit: etwa
1 Stunde

1. Das Gemüse und die Peter-silie waschen und putzen. Den Zucchino und die Möhre fein raspeln. Den Lauch längs vier-teln, sehr fein schneiden. Die Petersilie fein hacken.

2. Das Hackfleisch mit dem Gemüse, der Petersilie, den Ei-ern und dem Quark verkneten. Dann mit Salz und Pfeffer kräf-tig abschmecken.

3. Den Backofen auf 220° vor-heizen. 1 Eßlöffel Öl auf einem tiefen Blech verteilen.

4. Aus dem Fleischteig kleine Kugeln formen. Die Hälfte der Bällchen in dem Sesam wälzen und zusammen mit den ande-ren auf das Blech legen. Das restliche Öl über die Bällchen geben und diese im Backofen (oben; Gas Stufe 4) etwa 20 Mi-nuten braten. Dabei mehrmals wenden.

5. Die Hackbällchen heraus-nehmen und auf dem Kuchen-gitter auf Küchenpapier kalt werden lassen.

Variante:
Streichen Sie die Hackfleisch-masse auf ein mit Backpapier ausgelegtes Backblech. Mit Se-sam bestreuen. Im Backofen (Mitte) bei 220° etwa 20 Minu-ten backen. Hackfleisch in Rauten schneiden, und die Rauten auf einem Kuchengit-ter abkühlen lassen oder noch warm essen. Dazu paßt gut ein knackiger Blattsalat oder auch ein würziger Kartoffelsalat.

ZUCCHINI MIT HACKFLEISCH

Zutaten für 4 Personen:
1 kg mittelgroße Zucchini
2 mittelgroße Zwiebeln
80 g Butter
60 g Patnareis
400 g Hackfleisch vom Rind
Salz · Pfeffer, frisch gemahlen
1 Bund Dill
1/2 Bund glatte Petersilie
1/2 Teel. Nane (getrocknete Minze;
türkisches Spezialgeschäft)
300 g säuerlicher Joghurt
2 Knoblauchzehen

BRAUCHT ETWAS ZEIT

Pro Portion etwa:
2000 kJ/480 kcal
29 g Eiweiß · 32 g Fett
21 g Kohlenhydrate

Zubereitungszeit: etwa
1 3/4 Stunden

1. Die Zucchini waschen und putzen. Die Schalen leicht abschaben. Die Zucchini längs halbieren, Fruchtfleisch und Kerne mit einem Löffel herausholen und hacken. Die Zwiebeln schälen und würfeln.

2. 30 g Butter in einer Kasserolle zerlassen, und die Zwiebeln mit dem Reis darin glasig dünsten. Das Fruchtfleisch dazugeben. 1/8 l Wasser angießen und alles etwa 10 Minuten zugedeckt bei schwacher Hitze garen. Abkühlen lassen.

3. Das Hackfleisch mit der Masse verkneten, salzen und pfeffern. Die Kräuter waschen, trockenschütteln und fein hacken. Unter die Hackfleischmasse kneten. Die Minze dazugeben.

4. Die Zucchinihälften mit der Hackmasse füllen und mit der Füllung nach oben in einen Topf setzen. Die restliche Butter in Flöckchen obenauf verteilen. Knapp 1/4 l Wasser angießen und das Gericht bei mittlerer Hitze zugedeckt in 35–40 Minuten garen.

5. Den Joghurt in einer Schüssel cremig rühren. Salzen. Den Knoblauch schälen, durch die Presse drücken und unterrühren. Das Gemüse aus dem Sud heben und mit dem Knoblauchjoghurt servieren.

BULGUR MIT GRÜNEN BOHNEN

Zutaten für 4 Personen:
100 g Bulgur (Reformhaus, Naturkostladen)
500 g grüne Bohnen
1 mittelgroße Zwiebel
4 mittelgroße Tomaten
3 Eßl. Olivenöl
300 g Rinderhackfleisch
1–2 Teel. gekörnte Brühe
1 Teel. gemahlener Kreuzkümmel
3–4 Knoblauchzehen
2 Eßl. Tomatenmark
schwarzer Pfeffer, frisch gemahlen
Salz

PREISWERT

Pro Portion etwa:
1800 kJ/430 kcal
25 g Eiweiß · 24 g Fett
27 g Kohlenhydrate

Zubereitungszeit: etwa
45 Minuten

1. Den Bulgur mit Wasser bedecken und etwa 30 Minuten quellen lassen. Falls nötig, noch etwas Wasser dazugeben.

2. Die Bohnen waschen, die Enden abknipsen und die Fäden abziehen. Die Bohnen halbieren. Die Zwiebel schälen und fein hacken. Die Tomaten mit kochendem Wasser überbrühen, häuten, von den Stielansätzen befreien und mit dem Pürierstab pürieren.

3. Das Olivenöl in einem Topf erhitzen und darin das Hackfleisch und die Zwiebel bei mittlerer Hitze etwa 5 Minuten anbraten. Das Tomatenpüree, die gekörnte Brühe, den Kreuzkümmel und die Bohnen dazugeben, mit Wasser bedecken und zugedeckt bei mittlerer Hitze etwa 20 Minuten garen, bis die Bohnen weich sind.

4. Wenn die Bohnen gar sind, den Knoblauch schälen und durch die Knoblauchpresse dazudrücken. Das Tomatenmark unterrühren. Den Topf vom Herd nehmen.

5. Den Bulgur in ein Sieb geben, gut ausdrücken, unter die Bohnen rühren und mit Pfeffer und Salz würzen.

62
REGISTER

64

IM-
PRES-
SUM

AUTOREN
Cornelia Adam
Thidavadee Camsong
Erika Casparek-Türkkan
Marieluise Christl-Licosa
Dagmar v. Cramm
Doris Dewitz
Dieter Eckel
Antje Grüner
Reinhardt Hess
Angelika Ilies
Marianne Kaltenbach
Martina Kittler
Bettina Köhler
Gudrun Ruschitzka
Bernd Schiansky
Cornelia Schinharl
Ali Soliman/Roland Marske
Renate Zeltner
Cornelia Zingerling

Redaktion:
Claudia Bruckmann,
Friedrich Bohlmann,
Layout: Johanna Borde
Herstellung: Bettina Fäth
Fotos: Odette Teubner,
Dorothee Gödert
Umschlaggestaltung:
Johanna Borde (Konzeption),
Kraxenberger Kommunika-
tionsHaus
Titelfoto: Harry Bischof
Printed in Germany
ISBN 3-7742-4155-4

Auflage	5.	4.	3.	2.	1.
Jahr	02	01	00	99	98

TITELFOTO
Das Rezept für die Frikadellen
finden Sie auf Seite 33.